さあ、最高の旅に出かけよう

Takuya Senda
千田琢哉

SOGO HOREI Publishing Co., Ltd

知らない土地の
土を踏むと、
ある人に出逢う。

はじめに

私が旅の素晴らしさに触れたのは、大学の卒業旅行だった。

卒業旅行が一人旅ということはすでに決めていた。

なぜなら周囲でイケてる先輩や同級生たちは例外なく一人旅を選んでいたからだ。

私が迷ったのは海外旅行か国内47都道府県をすべて制覇するかであった。

結局私は国内旅行を選んだ。

海外は仕事でいずれ行くことになるイメージが鮮明に描けたが、47都道府県はこの機会を逃したら生きているうちに制覇できないと直感したからだ。

実際に社会人になってからその直感は的中した。

国内外を旅するとこんなことに気づかされる。

知らない土地の土を踏むと、**ある人に出逢う**ということだ。

旅が不思議なのは、思い出がずっと心に残ることだ。学生時代に47都道府県を一人旅した思い出は今でも鮮明に私の記憶に残っている。

早朝に格安フェリーで八戸港に着いてから（船内で出逢った）お節介な風俗嬢たちと一緒にしばらくテクテク歩いた思い出は、これからもずっと私の心のアルバムに綴じられたままだろう。

大分で出逢った千葉出身の、同じく一人旅中の女子大生と意気投合して合流し、その翌日鹿児島で別れた思い出は、これからもずっと私の心のアルバムに綴じられたままだろう。

大同火災という沖縄地盤の損害保険会社の本社ビルのあの迫力は、これからもずっと私の心のアルバムに綴じられたままだろう。

こうして心のアルバムに膨大な思い出を綴じていると、次第に自分というものが見えてくる。

そうなのだ。

知らない土地の土を踏むと、

自分に出逢うことができるのだ。

知らない土地の土を踏むと、

自分の意外な側面を思い出す。

知らない土地の土を踏むと、

これまでの悩み事がちっぽけに思えてくる。

知らない土地の土を踏むと、

しばらくするとやる気が漲ってくる。

知らない土地でお気に入りの本を読むと、

これまで読み飛ばしていた一文に出逢う。

知らない土地の地元紙を何気なく読むと、

自分の人生を一変させる記事に出逢う。

知らない土地のローカル番組を眺めて

方言を聞いていると、ほっこりする。

今の私は年中夏休みだから、本能の赴くままに気まぐ
れ旅行に出かけることができる。

旅行から宇宙一お気に入りの場所「書斎」に戻る度に、
無性に本が書きたくなる。

嗚呼、生まれてきて本当によかった。

2015年7月吉日　南青山の書斎から　千田琢哉

CONTENTS

第1章 興奮

01. 旅の醍醐味は、「準備」と「余韻」。————— 14

02. 行き当たりばったりの旅は、野生の本能が
鍛えられる。————— 17

03. 列車内で読むための本選びが、たまらない。— 21

04. 読み終わったら、恋人と本を交換し合う。——— 25

05. 旅先でハガキを投函するために、旅をする。— 29

06. 旅先では、間違いこそ楽しい。————— 33

07. 群れているより独りでいたほうが、
断然魅力的である。————— 37

08. 1泊目は一睡もせず、
翌日昼過ぎまで寝続ける贅沢。————— 41

09. 外出せずに部屋でボーっとする贅沢。——— 45

10. 帰りの列車内では、爆睡。————— 49

第2章 出逢い

11. 人生で大切なのは、「出逢い」より「別れ」。 ── 56

12. 「スピード離婚」は、
寧ろおめでたいことだ。 ── 60

13. 「初めてのはずなのにどこか懐かしい」と感じる
のは、あなたにとって運命の場所だから。 ── 64

14. メイン通りより、裏通りにチャンスがある。 ── 68

15. どんなに冴えない土地でも、
ウリを見つける。 ── 72

16. それが名物になっているのには、
必ず理由がある。 ── 76

17. 知ったかぶりをしないで傾聴すると、
特ダネをもらえる。 ── 80

18. その土地の城を調べると、県民性がわかる。 ── 84

19. 冒険は、これまでの知恵と勇気のすべてが
露呈する。 ── 88

20. 旅は何かを得に行くのではなく、
捨てに行くのだ。 ── 92

第3章 発見

21. ハイになりたいなら、アルコールより旅行。 — 98

22. 知らない場所だと、変わりやすい。 — 102

23. 1日だけなら、変わりやすい。 — 106

24. 旅館・ホテル業は、
改善の余地が山のようにある。 — 110

25. ちゃんとご主人様扱いされる宿に
泊まってみる。 — 114

26. まるで冗談のように
廃れた宿に泊まってみる。 — 118

27. 落ち目の一流老舗ホテルより、
理念が浸透した全国チェーンホテル。 — 122

28. 水回りに問題の多いホテルは、
四流に落ちぶれる。 — 126

29. その土地の盛衰は、
地元の人の人間性で決まる。 — 130

30. 確認電話で感じの悪い対応をされたら、
キャンセル — 134

第4章 感動

31. 国は、匂いで記憶する。 ——————— 140

32. 海外のボッタくりバーで、
夜明けまで監禁される。 ——————— 144

33. 貪欲なコピー商品市場に、
その国の生命力を感じる。 ——————— 148

34. 海外の富裕層エリアと大衆エリアは、
完全に別の国。 ——————— 152

35. 語学力向上のヒントは、
怪しい商店街の店員と風俗嬢に学ぶ。 ——————— 156

36. 昔ながらの"温もり"を感じたければ、
地方に限る。 ——————— 160

37. あえて地方出身者を採用したがる
都会の一流ホテルは多い。 ——————— 164

38. スタッフを名前で呼ぶと、
一瞬で距離が縮まる。 ——————— 168

39. 結局、すべての人間の根底に
流れる本質は同じ。 ——————— 172

40. 成長の偏差値は、後姿でわかる。 ——————— 176

第1章

興奮

旅にも人生にも、善悪は存在しない。
ただ、楽しんだか楽しめなかったかが
あるだけだ。

01

旅の醍醐味は、「準備」と「余韻(よいん)」。

旅好きなら誰もが知っている真実がある。
旅は準備段階からすでに始まっているということだ。
ワクワクしながら旅行会社のパンフレットを見ている時から、旅は始まっているのだ。
そしてその準備は面倒臭ければ面倒臭いほど楽しい。
「あれもしなくては……」
「これもしなくては……」
インターネットで経験者たちの声をかき集め、必要ならば関連書籍も購入する。
格安サイトで心から納得できるコースを発掘した瞬間の感動は筆舌(ひつぜつ)に尽くし難い。
大好きな旅の準備のためなら、どんなに忙しくてもまったく苦にならないのだ。
旅に限らず、好きなものというのは概してそういうも

のである。

換言(かんげん)すれば、もしあなたが準備に苦痛を感じるなら、それはあなたが好きなことではないのだ。

そして忘れてはならないのが、旅の余韻だ。

旅の余韻とは帰りの列車に揺られながら浸ることもあるが、それ以上に自宅に到着してからがこの上なく快感だ。

さらには翌日以降の日常で余韻に浸るのも快感だ。

10年経っても20年経っても旅の余韻に浸り続けることができる。

もちろん人の記憶とはいい加減なもので、現実とはかなりかけ離れた脚色(きゃくしょく)がなされるものだが、それがまた味わい深いのだ。

こうして考えると旅は当日までの準備と終わってからの余韻こそが本番であって、旅の当日はむしろおまけの確認作業のようなものだ。

もし何らかの事情があってやむを得ず旅には行けなくなったとしても、その準備で楽しんだのであればそれ

はそれで勝ちだ。

もし何らかの事情があってトラブル続きの旅に終わっても、それをその後の人生に活かしていい思い出に塗り替えれば、それはそれで勝ちだ。

旅の本番は当日だけだと思い込んでいるのは、旅の味わい方としてはもったいない。

旅は人生とまさに同じで、どれだけプロセスを楽しめるかであり、どれだけその後の人生の糧にできるかである。

旅にも人生にも、善悪は存在しない。

ただ、楽しんだか楽しめなかったかがあるだけだ。

他人から「面倒臭いこと」「損なこと」に見えることを楽しめれば、あなたは最高に幸せなのだ。

結局、すべては楽しんだ者勝ち。

02
行き当たりばったりの旅は、野生の本能が鍛えられる。

旅の準備は楽しい。

だが何も準備をしない気まぐれ旅行もまた楽しい。

行き当たりばったりで旅をすると、野生の本能が鍛えられるのだ。

朝起きて「よし、今日は天気がいいから仙台に行こう!」と思いつくや否や、都内から出発して昼過ぎにはもう青葉城址にいる。

夕方「よし、今日は鬼怒川温泉にでも行こう!」と思いつくや否や、都内から出発して夜にはもう温泉に浸かっている。

夜にネットサーフィンしていて「京都の鴨川沿いに高級ホテルができたから行こう!」と思いつくや否や、即予約して行ってみる。

何も計画がなくてもとりあえず外に出てしまえば何とかなるのだ。

深く考えずに直感で行動すると新しい出逢いがあるのだ。

これは人生と同じで、**とりあえずやっちゃった者勝ちなのだ。**

「やって来たのはいいけど、さてこれから何をしようかな……」という心配はない。

何もしたいことがなければ、何もしなければいいだけなのだ。

旅館内や近所を散歩するだけで次々に新しい刺激が飛び込んでくる。

用意周到に準備していると理想と現実のギャップに落ち込むこともある。

だが準備していなければ、そもそも初めから理想がないから現実とのギャップに落ち込むこともない。

それどころか感動の連続だ。

準備不足のために列車に乗り遅れることもある。

列車に乗り遅れて、もうその日に到着することができなければ、他の場所に変更することもある。
「あの列車に乗り遅れたから、君と出逢えた」ということもある。
結果として列車に乗り遅れて正解だったと心底感謝できる。
「絶対に予約できないだろうな」と思って当日ホテルに電話してみたら、「ちょうどキャンセルが出ました」ということでタダ同然の料金で宿泊できることもある。
私はサラリーマン時代に年100泊以上ホテル生活していた時期があったが、顧客の都合でスケジュールが変更されて当日に格安で宿泊するコツのようなものを肌感覚で習得した。
こうした情報はその瞬間の勝負だから、デジタルではなくアナログ勝負だ。
エグゼクティブを装って丁寧に本当に困っている声のトーンでホテルに直接電話をかけるのだ。
だから安価なビジネスホテルより、むしろそこそこの

高級ホテルのほうが穴場だったりする。

第6感である野生の本能を鍛えるのは、行き当たりばったりの経験を積むに限る。

行き当たりばったりの旅は、遠回りした者勝ちなのだ。

人生は、やっちゃった者勝ち。

03

列車内で読むための本選びが、たまらない。

旅に出かける前には必ず本選びをする。
もちろん列車の中で読む本を選ぶのだ。
そしてこの本選びの時間がたまらなく楽しいのだ。
ただし持って行く本は1冊に限る。
私の場合、そうしないと際限がなくなってしまうからだ。
うっかり2冊目に手を出すと「えー!? その本を連れて行くのに、私は置いていくの?」という声があちこちから聞こえてくる。
だから2冊では終わらなくなってしまうのだ。
どうせ旅先の書店でも本を買うのだから、最初からあちこち浮気しないようにしている。
学生時代に47都道府県を旅した時は、ボストンバックの中が本で溢れ返ってしまい、まるで筋トレをしてい

第1章 興奮　21

る修行僧のようだった。

各都道府県に到着して最初に立ち寄ったのが書店だったから、その度に本を買っていた。

だから出発時は1冊だったのが最後は50冊近く持ち歩いて旅をしていた。

さて列車内で読むための1冊の選び方だが、これはその時の気分で決める。

買ったけど積読になっていた本を持って行くこともある。

学生時代に何度も読んだ本を持って行くこともある。

列車内で本を読み始めるとこんな不思議なことが起こる。

その本に書いてある内容がその旅のテーマソングになるのだ。

お笑い系の本であれば、お笑い系の旅になる。

感動系の本であれば、感動系の旅になる。

さらには「最近はますます好調だから厳しめの本を読んで中和しよう」ということもある。

不幸な小説をちゃんと味わうためには、自分が本当に不幸であってはならない。
そんなことをしたらますます落ち込んで不幸になってしまうからだ。
「どう考えても運が良すぎるな」という時に、浮かれた自分を抑制するために、やや厳しめの本を読むのだ。
そうするとスーッと自分の中に厳しい言葉が染み込んでくる。
反対に「最近は不調だから幸せな小説を読んで中和しよう」ということもある。
幸せな小説をちゃんと味わうためには、自分が幸せであってはならない。
そもそも幸せな時に幸せな本なんて読めない。
なぜなら幸せな本を読むよりも、リアルで幸せを感じるほうがずっと楽しいからだ。
「どう考えても運が悪すぎるな」という時こそ、幸せな小説の世界に現実逃避するのだ。
すると列車の揺れと共に、今の悩み事が次第に薄らい

でいく。

本は、旅における最高の相棒。

04

読み終わったら、恋人と本を交換し合う。

恋人と一緒に旅をしたら、お互いに本を交換し合うといい。

相手は相手で一番のお気に入りを選んできているはずだから、**その本を読むことによってより相手を理解することができる。**

普段は大人しい子なのに、結構過激な政治論争の本を読んでいるかもしれない。

天然で癒し系の子だと思っていたら、結構お堅い本を読んでいるかもしれない。

インテリでプライドの高い子だと思っていたら、エッチな本を読んでいるかもしれない。

もちろん「どんな本を読んでいるの？」と聞かれる前提で相手も本を選んでいる。

だからきっと「私はこう見られたい」という本を選ん

でいるはずだ。

こんなにわかりやすいメッセージはないのだから、そう見てあげればいいのだ。

相手が読んでいる本を知るということは、その相手の裸を見るのと同じくらいエッチなことなのだ。

本を交換する際にはお互いに「どうしてその本が好きなのか」を教え合うといいだろう。

相手と一気に距離が縮まるし、絆が深まるはずだ。

私の場合は自分が好きな本ではなく、相手が好きそうな本を選んでいく。

しかも「君に読んでもらいたい」という部分の、少し前にある「どうでもいい箇所」に付箋を貼ったり折り目をつけたりしておく。

そうすると「どうしてこんな箇所が大切なの？」と相手は疑問に思う。

たとえば『野心のすすめ』（林真理子著／講談社）の「糸井はさー」という部分に付箋を貼っておく。

"糸井"とは、かの天才コピーライター、糸井重里のこ

とだ。

これを読んだ相手は「ハァ？　何コレ」と思う。

「ハァ？」と違和感を抱いて読み進めるうちに、その3行後に「ようやく、ああ、みっともないな、この人たちとつるんでいたら三流の世界から永久に抜け出せないな、と思うようになって……」という本命のメッセージに辿り着く。

それが今の相手にとって大切な言葉だと全身に電流が走れば大成功。

「あ、この子とは映画を観に行っても同じシーンで喜怒哀楽を共有できるな」とわかるからだ。

「また会いたいな」と心から思う。

そして実際にその通りになる。

逆に「フーン」で終わっても大成功。

「あ、この子とはこの旅で最後だからできるだけいい思い出を作ってあげよう」とサービスマンに徹することができるからだ。

あと腐れもなく別れの決定打になるから、これ以上の

ラッキーはないのだ。

本を交換し合うということは、すべてを露呈するということだ。

恋人のお気に入りの本を読むと、
より深く相手のことがわかる。

05
旅先でハガキを投函する
ために、旅をする。

私は旅先でこれまでお世話になった人たちに向けてハガキを出すことが多い。

ハガキは旅先で書くのではなく、予め書き溜めておいたものを旅先のポストに投函するのだ。

本当は旅先で書きたいのだが、量が半端ではないために、日々コツコツと書き溜めたものを輪ゴムで留めてまとめて投函する。

そうするとその旅先の消印が押されるから、次に会った際の話題にも事欠かない。

旅から帰ると「あ！　私も昨年そこに行きました！」「新婚旅行で行きました！」という声がパソコンにメールでどっさり届いている。

先日鬼怒川温泉でハガキを投函した際には不思議なことがあった。

到着してすぐ旅館の人に「この辺りで郵便ポストはどこにありますか?」と聞いた。

「明日の集荷でよければこちらで投函しておきます」と言われたが、「今日の便で出したいので散歩がてらに行ってきます!」と自分で投函しに部屋を出た。

ところがそのポストの横に貼ってある集荷時間を見たところ、その日の集荷はとっくに終わっていた。

私は「結局は明日の便になるのか……」と苦笑いして部屋に戻った。

翌日になって私が驚いたのは、ハガキは速達でも何でもなかったのに都内や関東各地から「ハガキが届きました!」という声が殺到したことだ。

旅館の人が郵便局にわざわざ電話をかけてくれて、「うちのお客さんが今日の便で出したいとハガキを投函したみたいだから、大至急集荷よろしく!」と言ってくれたわけではないと思う。

ひょっとしたらその日の集荷がたまたま大幅に遅れていただけかもしれない。

いずれにせよ、当日出したことになっているはずの普通郵便のハガキが、その日中に県外に届いているのは幸運としか言いようがない。

ハガキを書き続けていると、こんな幸運がしょっちゅう訪れる。

そういえば本書の出版依頼メールが届いたのも、鬼怒川温泉から投函した幸運のハガキがきっかけだ。

サラリーマン時代から今日に至るまで「買ってください」「仕事をください」といったハガキを送ったことはただの一度もない。

ただ出逢って名刺交換した相手に「ありがとうございました」というハガキを書き続けてきただけだ。

ふと振り返ったら知らないうちに人とお金が集まっていた。

本音を告白すれば、私が旅をするのはその土地からハガキを投函したいからかもしれない。

どんなに仕事で忙しくてイライラしていても、私のハガキを手にした相手がたとえ一時的にでもほっこりし

てくれればそれだけで嬉しい。

「次はどこの消印のハガキにしようかな」と考えると、まるで子どものようにワクワクしてくる。

旅先からのハガキが、幸運を呼ぶ。

06
旅先では、間違いこそ楽しい。

旅先でトラブルがあると、パニックになる人がいる。
もしあなたが恋人と旅に出かけて相手がパニックになるようなら、その人とは別れたほうがいい。
そもそも男性でパニックになる人は頼りにならない。
女性でもパニックになってヒステリックになる人は足手まといになる。
間違いなんてあって当たり前だし、間違いを楽しむ姿勢が旅には不可欠なのだ。
計画通りにキッチリと辿るだけの旅なんて、まるで模範解答通りにそのままマークシートを塗り潰している人生のように退屈だ。
列車の乗り間違いなんて、間違いのうちに入らない。
その程度のことはすべて想定内にしておくべきだ。
予約の取り間違いなんて、間違いのうちに入らない。

第1章　興奮　33

この間違いをどのように正すのかではなく、この間違いをどのようにそのまま楽しむかを考えるのだ。

極端な話、東北に行く予定だったのに新幹線を乗り間違えて九州に行ってしまってもOKだ。

パニックになる人はたいていお金の心配をしている。なけなしのお金で旅行を計画したから、予定が狂うことが許せない。

ところが実際には、お金どころか命を取られかねない事件に巻き込まれるのを、乗る新幹線を間違えたことによって防げたのかもしれない。

不本意ながら辿り着いた九州では、ひょっとしたらあなたの人生を好転させるような大事件が起こるかもしれない。

だから**取り戻せない間違いを恨むのではなく、間違いを受容してそのまま身を任せてみるのだ。**

もし海外旅行が何らかの理由でドタキャンになって数十万円が飛んだとしても、ふて腐れないことが大切だ。

ひょっとしたらあなたが搭乗していたはずの飛行機

が、事故に巻き込まれていたかもしれない。

今回のトラブルの教訓を、人生を変える大切な判断材料として活かせるかもしれない。

海外旅行に行くはずだった期間を勉強に充てたら、難関資格を取得するきっかけになるかもしれない。

人生は何がどうなるかは最後の最後まで誰にもわからないのだ。

少なくともふて腐れさえしなければ、数十万円は必ず何倍にもなってあなたに返ってくる。

換言すれば、旅を共にするパートナーが間違いをいつまでもグジグジ追求するタイプだったら、絶縁するいい機会だ。

少なくともあなたがそうならないだけでいい。

人生と同じく、旅も堂々と間違え、堂々と楽しめばいい。

間違いに身を任せる人生こそ、
楽しい。

07

群れているより
独りでいたほうが、
断然魅力的である。

サラリーマンは男女ペアで同行出張することがある。
もちろん二人きりのこともあれば、三人以上のこともある。
同行出張はお互いにハイになるから、それほど好きな相手ではなくても不倫に発展しやすいのだ。
私のサラリーマン時代も仕事柄出張が多く、あちこちで不倫がお盛んだった。
不倫がそのまま略奪結婚にまで発展した例も枚挙(まいきょ)にいとまがない。
ここで私は不倫の是非を問いたいのではない。
どうして出張すると人は惚れやすくなるのかということだ。
それは、お互いに群れていないからだ。

たとえば二人きりで出張して仕事が終わると、「一緒に食事でもしようか」という話になる。

普段は社内の他のメンバーと比較して見ているから無関心だった相手も、二人きりになると比較対象がいなくなるから「いい男」「いい女」に見えてくるのだ。

加えて"いつもと違う場所"という解放感がスリルを求める。

その結果としてどうしても生理的に受け付けない相手でもなければ、どちらかが誘えばOKになる確率がグンと高くなるのだ。

もちろんお互い一度限りの関係と割り切れる場合もあるが、そのままズルズルと継続することもある。

旅先で見かけても「あ、これは不倫だな」と一目でわかるのは、男性が少しビクビクしており、女性が妙に妖艶なカップルだ。

これは男性が小心者で、女性の胆が据わっているからではない。

多くの場合、男性には家庭があり、女性には失うもの

が何もないからだ。

否、正確には女性だって時間を失っているのだが、その現実から目を逸らすことに慣れ切って神経が麻痺してしまっているだけなのだ。

翻(ひるがえ)って、あなたはここから何を学ぶだろうか。

同じ人間でも、群れているより独りでいたほうが断然魅力的に映るということだ。

あなたの学生時代を振り返ってもらいたい。

(心の底の本命レベルの) 人気は、クラスで特定の1人に一極集中していたはずだ。

各自が自分のスペックを考慮に入れて妥協し、多少票が分かれたとしても、モテるといえるのはせいぜい2番手や3番手までだろう。

社会人になるとどんなに冴えない人間でも結婚しているのは、その人が独りで勝負したからだ。

不倫を批判するのではなく、不倫から学ぶのだ。

一人旅を重ねて寂しさを感じなくなった頃に、あなたはまた一段と魅力的になっている。

旅に出て、
独りで勝負する力を養おう。

08

１泊目は一睡もせず、翌日昼過ぎまで寝続ける贅沢。

たまに宿泊施設のスタッフから「昨夜はよくお休みになられましたか？」と聞かれることがあるが、模範解答極まりなくモチベーションが下がってしまう。
休むためだけに高いお金を払っているわけではないからだ。
新婚さんに向かって「昨夜はよくお休みになられましたか？」と聞くのはやっぱりおかしい。
もちろん「昨夜は徹夜でしたか？」と聞くのもおかしい。
たとえば恋人と宿泊する際にはディナーは贅沢にするが、朝食はあえて"なし"にしておく。
チェックインの際に「朝食はいかがなさいますか？」と聞かれるから、恋人としばらく顔を合わせて「朝食は……ちょっと自信ありません」と答えるのがカッコ

第1章 興奮 41

いいのだ。

せっかくいいホテルに泊まったことだし、眠らないのはもったいないという考えは間違っている。

そのホテルを本当に味わいたければ、できれば2泊以上するのがいい。

2泊以上するとそのホテルの真の実力が明らかになるのだ。

2泊すれば1泊目は一睡もせず、翌日の昼過ぎまで寝続けることが可能だ。

2泊するということは、2日目は1日中ホテルで過ごすこともできるわけだ。

その際に1泊ではわからなかったホテルのサービス力を肌で感じることができる。

いかに休んでいるお客様の邪魔をしないか。

スタッフたちはお客様の要望にいかに臨機応変に対応することができるか。

スタッフたちは自分のことをちゃんと憶えているか。

午後からの清掃員たちの立ち居振る舞いはどうか。

連泊したからといって掃除に抜かりはないか。

これらの実態を生で感じることができる。

私は普段から目覚まし時計のない生活をしているが、ぜひ旅先のホテルで2泊する際には時間なんて気にしないで過ごしてもらいたい。

髪をボサボサにしたまま朝食の終了時間ギリギリに駆け込んでくるような真似はダサい。

会社でも時間の奴隷になり、ホテルでも時間の奴隷になるのは寂し過ぎる。

本来召使であるホテル側にあなたの時間の主導権を握らせて何が楽しいのか。

それよりは徹夜明けにどうしてもお腹が空いた場合に限り、そのまま朝食に出かけることだ。

朝食なんて割高になってもオプションではなく、別途支払いでいいではないか。

オプションは自らを相手の奴隷にする行為だということを忘れないことだ。

日本では昔から「朝食は絶対に必要」と洗脳をされて

きたが、そんなことはない。

本当に大切なことは朝食よりも断然睡眠なのだ。

眠い目をこすりながらお腹も空いていないのに無理に朝食をとるのは体に悪い。

それよりは誰にも邪魔されずに昏々(こんこん)と眠り、お腹が空いたら好きなだけ食べればいいのだ。

旅先に来てまで、
自分を奴隷にするのはやめよう。

09

外出せずに
部屋でボーっとする贅沢。

2011年公開のアメリカ映画で『TIME』という作品があった。

人口過剰を防ぐために遺伝子操作を行ない、人類は自分の寿命を時間という通貨で買えるようになった。

労働によって、お金の代わりに時間が支払われるのだ。

つまり時間貧乏だとすぐに死に、時間の大富豪だと不老不死を実現できるようになるというわけだ。

まさに"Time is money."ならぬ"Time is life."をとてもわかりやすく表現している。

この映画で深いのは時間貧乏と時間の大富豪が一目でわかるということだ。

時間貧乏はいつも余裕がなくてせかせかしており、オドオド、イライラしている。

貧乏同士で時間の奪い合いばかりして争い事も絶え

第1章 興奮 45

ない。

時間の大富豪はいつもゆったり動いており、優雅に振る舞っている。

これはまさに現代の我々と同じではないだろうか。

貧乏は忙しく、大富豪は優雅だ。

旅先でも、なけなしのお金でギリギリ来ている観光客はわかりやすい。

ギッシリ詰まったスケジュールでせっかちに移動してノルマをこなしているからだ。

せっかくの旅を味わっているのではなく、苦行にしてしまっているのだ。

豊かな人は外出せずに部屋でボーっとする贅沢を知っている。

海外旅行でもこれは同じで、遊び慣れた人ほどむやみに外出したがらないものだ。

私がサラリーマン時代にエグゼクティブと海外で相部屋になった際は、夕方の涼しくなった頃と早朝のまだ人があまりいない頃に、近所の店へ散歩がてらに出か

けて食事をしたくらいで、あとは部屋でくつろいでいた。
下っ端連中は観光ガイドとペンを片手に、立てた計画のノルマをひたすらこなしていた。
今となっては、この経験は私の人生で実に活きている。
散歩がてらに寄った店は決して高級店ではなかったが、その国の労働者たちが好んで食べているとても感じのいい店だった。
ペニンシュラとかマンダリンにも行ったが、なぜかその労働者用の飯店のほうが思い出に残っているのだ。
労働者たちは朝からメチャクチャ食べるのに、誰一人として太っていないのだ。
それを見た私は宮沢賢治(みやざわけんじ)の『雨ニモマケズ』の一節を思い出した。
賢治の時代のお百姓さんたちは、1日に玄米を4合以上普通に食べていたという。
今と違って農作業はすべて手作業だったわけだが、その食欲と労働意欲に感銘(かんめい)を受ける。

第1章 興奮 47

その時ホテルに戻った私は、しばらく部屋でボーっと
賢治について思いを馳せた。

真に豊かな人は、優雅さを楽しめる。

10
帰りの列車内では、爆睡。

修学旅行では帰りの列車内で爆睡している学生が多い。これが人生を楽しむということだ。

私も旅の帰りには暇さえあれば眠ることにしている。さすがに『ドラえもん』に登場するのび太には遠く及ばないが、「寝よう」と思って目を閉じると30秒以内にはたいてい意識が飛んでいるようだ。

ちなみにのび太は寝転がって1秒以内にノンレム睡眠に到達するから、オリンピック競技に「熟睡」という種目があれば間違いなく金メダリストである。

私が帰りの列車で爆睡するのは、別に遊び疲れたわけでもなければ気疲れでもない。

「こんなことがあったなぁ……」「あんなこともあったなぁ……」と目を閉じて反芻しているうちに、自然にまどろんでしまうのだ。

あなたにも経験があるだろうからわかると思うが、旅の帰りにいくら熟睡しても家に到着したら普通に眠れるものだ。

つまり旅の帰りの爆睡はもともと必要なものなのだ。

私なりの解釈をしておくと、人は睡眠中に記憶の整理整頓をしている。だから**私たちは眠ることによって旅の思い出を脳内で整理整頓しているのだ。**

旅の思い出を整理整頓することによって、今回の旅が一生モノの宝になる。

会社の社員旅行の帰りでも、騒いでいるグループと熟睡しているグループに分かれる。

騒いでいるのはたいてい仕事ができないグループだ。

仕事では見せたことのない積極性で思い出を語り尽くし、翌日会社を休んだりする。

熟睡しているのは仕事ができるグループだ。

仕事の活躍ぶりとは逆にとても静かで謙虚に過ごし、翌日は再び大活躍する。

もしあなたが帰りの列車内で旅の思い出話に花が咲い

て騒いでいたら、きっと思い出は何も残らないだろう。
映画を観終わって劇場を出た途端、急にペラペラ話し始めるカップルがいるがあれはもったいない。
私は映画を観終わってすぐに話しかけてくる女性が苦手だ。
しばらく静かに余韻に浸り、思い出を口から吐き出さないようにしたいものだ。
ぐっと堪えて思い出を沸々(ふつふつ)とさせておくと、いい具合に煮詰まってくる。
それが思い出としてあなたの中に残るのだ。
一人旅で爆睡している人を見ると、みんないい表情をしている。
カップルで爆睡している人たちを見ると、みんな幸せそうな表情をしている。
爆睡できるということは、幸せなことだ。

帰りの列車で眠ってこそ、
旅の余韻と記憶が残る。

第2章
出逢い

何かを獲得したければ、
まず手放さなければならない。
何かを得たければ、
まず今抱え込んでいるものを
捨てなければならない。

それにはやっぱり旅がいい。

11
人生で大切なのは、「出逢い」より「別れ」。

旅では別れがつきものだ。

旅館であなたがどんなに素敵なおもてなしを受けても、必ずチェックアウトしなければならない。

旅先であなたがどんなに素晴らしい地元の人と出逢っても、いずれ必ず別れがやってくる。

旅と人生は同じで、「出逢い」よりも「別れ」が大切なのだ。

旅慣れすればするほど、別れ際が爽(さわ)やかになる。

「また来ます！」「お元気で！」と声をかけたかと思うと、振り返ることなく颯爽(さっそう)と消える。

その背中が潔(いさぎよ)く、そして美しいのだ。

相手からも「また会いたいな」と思われる。

反対に旅慣れしていない人は、別れ際がねちっこくなる。

一方的に泣き崩れて「来年も絶対に来ますから……」としがみつくから、相手も内心は迷惑している。

それは葬式でいつまでも棺にしがみついて泣きじゃくっている「ところで、あの人誰?」「そんなに故人と親しかったかな?」「遺産でも狙っているのかな?」と疑いたくなる人間と同一人物だ。

翻って、あなたはどうだろうか。

出逢い探しばかりしていて、別れることを恐れてはいないだろうか。

別れることはマイナスのことではなく、プラスのことなのだ。

離婚はマイナスのことではなく、プラスのことなのだ。

死別はマイナスのことではなく、プラスのことなのだ。

人は出逢いによって人生が変わるとよく言われる。

だが人生を変える出逢いに恵まれるためには、まず別れることが必要なのだ。

なぜなら今のあなたの人生を変えてくれるのは、今隣にいる連中ではないからだ。

今群がっている集団に埋没している限り、永遠にあなたの人生を変える出逢いは訪れない。

本気で人生を変えたいなら、今隣にいる人々には別れを告げることだ。

群れから飛び出して独りぼっちになると、今まで人付き合いで忙しかったのが嘘のように暇になる。

膨大に生まれた自由時間で自分を磨くための勉強ができる。

勉強していると、同じく勉強している者同士で引き寄せ合う。

勉強を継続して輝くようになると、同じく輝いている者同士で引き寄せ合う。

すべては今いる集団との別れが出逢いのきっかけになっているのだ。

旅を重ねながら、別れ際の美学を学んでいこう。

旅は、「別れ」と「出逢い」の
真の意味を学ぶ場である。

第2章 出逢い

「スピード離婚」は、寧(むし)ろおめでたいことだ。

その昔、「成田離婚」という言葉が流行った。
今でいう「スピード離婚」のようなもので、新婚旅行で海外に滞在している間に相手に対する愛が冷めてしまい、成田空港に到着する頃には離婚を決意しているというわけだ。
旅行というのはかくも底知れぬ力を秘めており、お互いの本質を見抜くにはもってこいなのだ。
1泊すれば相手のことが驚くほど見えてくる。
ましてや1週間も一緒にいれば、見たくないものまでがすべて見えてしまうのだ。
一般には、女性が男性に対して想いが冷めやすいと勘違いされやすいが、最近では男性が女性に愛想を尽かすことも増えているようだ。
「スピード離婚」と聞くと、何やら途轍(とてつ)もない不幸話の

ように聞こえるだろう。
周囲の愛に飢えた連中の格好のヒソヒソ話の餌食(えじき)になるのは間違いない。
だが「スピード離婚」は決して不幸なことではなく、寧ろおめでたいことなのだ。
なぜなら愛してもいない相手とダラダラと何十年と一緒に過ごして人生を無駄にするよりは、新婚旅行から帰ってきたらシュパッと離婚したほうが確実に幸せになれるからだ。
離婚は病気と同じく早期発見で1秒でも早く手を打つのが一番なのだ。
私の周囲にいる「スピード離婚」経験者たちの共通点は、いずれも一皮剥(む)けて成長しているということだ。
まず「スピード離婚」をするには、決断力が求められる。
これはこれからの人生を生き抜く上で大きな自信となり、強力な武器になるだろう。
今自分が歩んでいるコースが薄々間違いだとわかっているのに、そのままダラダラと歩き続けるような人生

最大の過ちを犯さなくなる。

次に「スピード離婚」をすると、ヒソヒソ話に強くなる。

あなたが離婚をすると身近にいる人々から必ず噂される。

最初はいちいちムカついたり傷ついたりするだろうが、次第に「自分は自分、他人は他人」と割り切れるようになる。

「少し前までは自分もあの"ヒソヒソ話軍団"に属していたのだな」と赤面するだろう。

最後に「スピード離婚」をすると、無性に何かに打ち込みたくなる。

離婚した人は厄介な問題を解決したわけだから、時間の大切さが身に染みる。

結婚して最初に気づかされるのは、独りの時間の大切さなのだ。

結婚したことによってこれまで奪われていた独りの時間を取り戻せた人間は、まるで水を得た魚のように自分を成長させたくなるものだ。

ここで私は「離婚のすゝめ」ではなく、**「間違いを改めるスピードを速くするすゝめ」**を述べている。
旅はいつも人生の節目で大きな決断のきっかけをつくってくれるのだ。

旅で気づいたことは、
すぐに実行に移そう。

13

「初めてのはずなのにどこか懐かしい」と感じるのは、あなたにとって運命の場所だから。

あちこちに旅をしていると誰もがこんな経験をする。「初めてのはずなのにどこか懐かしい」と感じる土地に出逢うことだ。
私は国内外でこの感覚に何度か遭遇(そうぐう)したことがある。
「あれ？　この場所って見たことがあるな」と思わず声を出してしまいそうなくらいだ。
現実にはそんなはずはないのだが、「絶対に来たことがある」と確信を持てるほどだ。
多くの場合、その場所には子どもの頃に自分が遊んでいた友だちが走り回ったり立っていたりする。

その中に自分がいるべきなのにいない、どこかもどかしい不思議な感覚だ。

それも移動中の列車や車で通り過ぎてしまうくらいの記憶に残らない些細（ささい）な場所なのだ。

海外ではもう何十年も前からハーバード大学の教授や医学博士たちが真剣に人の生まれ変わりの研究をしている。

もし本当に生まれ変わりというものがあるのなら、先ほどの感覚は偶然ではないかもしれない。

ひょっとしたらそうした場所には偶然ではなく、必然的に連れてこられたのかもしれないのだ。

必然的に連れてこられたのであれば、そこには間違いなく何らかの意味があるはずだ。

私の経験を振り返ってみたところ、その直後に人生の転機になる何らかの事件が起こったり、誰かが突然亡くなったりすることが多かったように思う。

「誰かが亡くなる」というと不幸のような気がするが、そうではない。

第2章　出逢い　65

人は誰もが100%死ぬわけだから、死が不幸という思い込みはいささか早合点というものだ。

天寿を全うするのは立派な死だし、本人が死を望むこともあるから、一概に不幸とは繋げることはできない。

ただ**「初めてのはずなのにどこか懐かしい」と感じた場所は、きっとあなたにとって運命の場所だ。**

そうでなければ何も感じないでそのままスルーするはずだからである。

「初めてのはずなのにどこか懐かしい」と感じるのは、何も場所だけではない。

人のこともある。

私の場合は「初めてのはずなのにどこか懐かしい」と感じた相手とは、仕事や恋愛で自然に繋がることが多い。

仕事も恋愛も、どちらから声をかけるというわけでもなく自然に始まっている。

ひょっとしたら人はずっと同じ世間でお互いに何度も生まれ変わりながら、人生の修行をしているのかもし

れない。

そう考えると、**あなたの旅は人生の途中経過のチェックテストの役割を果たしていることになる。**

旅は、運命の場所と出逢う場である。

14
メイン通りより、裏通りにチャンスがある。

旅で楽しいのはメイン通りではなく、裏通りだ。
人生も旅もメイン通りより裏通りにいつもチャンスが転がっているのだ。
もちろん怪しい裏通りには注意しなければならないが、メイン通りはそこそこに一本裏通りに入ることで人生も旅も思わぬ発見があるものだ。
私はサラリーマン時代に会社の海外研修でも自由日が設けられると、必ず独りで飛び出して、裏通りや、できるだけマイナーな場所を歩き回ったものだ。
昔から私には独りで寂しい場所を歩けば歩くほどに、燃えてくる習性がある。
どこか冒険家気取りになって、ワクワクするのだ。
中には「どうしても一緒に回りたい」と懇願される場合もあったが、それもまたよき思い出だ。

原則すべて自分の足で移動したい人間だから、ヘトヘトになった相手からは「僕がお金払いますからそろそろタクシー使いましょうよ」と泣きつかれたことも一度や二度ではない。

そんな弱音を吐いていたくせに、会社に戻ったら「千田さんと一緒にこんなにたくさん歩いた」とまるで武勇伝のように語られたものだ。

裏通りやマイナーコースを追及していくと、他の社員たちがゾロゾロと模範解答通りのコースを粗相なく回っているうちに、信じられないようなエキサイティングな体験ができたものだ。

「こんなに素敵な町なのに、一本裏通りに入るだけでこんなに廃れた場所もあるのか……」

「裏通りではこんなゲテモノが普通に店のメニューとして並んでいるのか……」

「裏通りの店はメイン通りの店とは違って随分工夫を凝らしているな……」

旅から戻ってからも、メイン通りの話をするより裏通

りの話をするほうが遥かに周囲にウケる。

メイン通りの話をいくらしてあげてもインターネット で見た人のほうがむしろ詳しいくらいだから、逆に間 違いを指摘されかねない。

就活の面接で旅好きの学生が「世の中には本当にいろ んな人がいるということがわかりました」とアピール する人がいてよく落とされるが、あれと同じだ。

そんなことは実際に旅をしなくても言えるセリフだか らである。

ところが裏通りの話は実際にその裏通りに行った人に しかできない。

だから普通に、ただありのままの1次情報を話すだけ で、すでに面白い話になるのだ。

旅に限らず人生でも裏通りを歩く習慣をつけておくと、 どんどん魅力的な人間になっていく。

同じ努力をしても周囲より遥かに報われやすい人間に なっていく。

私がこれまで生きてこられたのは、決断で迷ったらい

つも裏通りコースを選んできたからだ。

メジャーコースではなく、マイナーコースを選び続けてきたのだ。

マイナーコースでトップになれば、メジャーコースの補欠よりも遥かにいい待遇を受ける。

時代が変わって、マイナーコースがメジャーコースにシフトすることもあるから人生は面白い。

人生の決断で迷ったら、
裏通りを選ぼう。

15

どんなに
冴えない土地でも、
ウリを見つける。

国内外を旅していると、こんな事実に気づかされる。
どんなに冴えない土地でも、必ずその土地ならではの
ウリがあるということだ。

日本でも市町村が財政危機に陥って倒産してしまうこ
とは珍しくないし、世界では国自体が倒産することも
ある。

つまり本当に魅力がない土地は確実に自然淘汰されて
しまうということなのだ。

現時点で残っているということは、まだ何かしらの魅
力が残っていると考えていいだろう。

私が学生時代に47都道府県を旅したことはすでに述
べたが、それらの経験を踏まえた上で言うと、どの土
地も例外なく何かしらの魅力があったものだ。

中には「ヒェー、これが県庁所在地の駅前？」と、あまりの廃れように驚いた土地もあったが、しばらく歩いていると心から「いい場所だな」と思えたものだ。
「こんな山奥に住んでいて、一体どうやって学校に通っているのだろう？」
「こんな田舎に住んでいて、一体どうやって服や日用雑貨を手に入れているのだろう？」
そんな疑問を抱いた土地もたくさんある。
ところが元気な子どもがあちこち走り回っている姿を見たり、お洒落な女性が自転車に乗っていたりするのを見かけると、「great！」とその土地が好きになるのだ。
ようやく食堂を見つけて入ると、信じられないくらい店員のおばちゃんが無愛想なのに料理は天下一品ということもある。
逆に期待せずに入った薄汚いレストランで、信じられないくらい愛想のいい店員に出逢うこともある。
私の生まれた愛知県犬山市も一時はかなり廃れていた

第2章　出逢い　73

が、あるテレビドラマをきっかけにまた盛り返して観光客を増やしたようだ。

私を18歳まで育ててくれた岐阜県各務原市も国道沿いは随分店が増えてきたようだ。

どんな土地にも素敵な人がいるし、長い歴史がある。

歴史的観点では、かつて愛知県も岐阜県も日本のど真ん中で隆盛を誇っていた土地だ。

その時代には最優秀とされる人物や権力者が一堂に集っていたのだ。

もちろん愛知県や岐阜県に限らない。

日本国内はもとより、世界中のあらゆる土地には何かしらの歴史がある。

そして**歴史を勉強していくと、その土地が愛おしくなってくる。**

その土地が愛せないということは、その土地のせいではなく、あなたの勉強不足のせいなのだ。

似非旅好きは、土地の好き嫌いが激しい。

本物の旅好きは、すべての土地のウリを見つけること

ができる。

それは性格の問題ではなく、勉強量の問題だったのだ。

旅先の土地で魅力を感じられるかどうかは、自分次第。

16
それが名物に
なっているのには、
必ず理由がある。

仙台の牛タン、博多の豚骨ラーメン、阿蘇や三池の高菜は有名だ。
これらに限らず、各地の名物がどうして名物になったかの理由を調べると興味深い。
たとえば牛タンとは牛の舌だ。
もともと牛の舌は食べられない廃棄物として捨てられていた。
そこで「もったいない」と思って料理してみたところ「結構イケるじゃないか」ということに気づいて次第に名物になっていったのだ。
そういえば2002年にノーベル化学賞を受賞した田中(たなか)耕一(こういち)さんの発明のきっかけは「もったいない」だった。
彼の場合５年間通った大学が仙台で、出身地は北陸の

富山だが。

ちなみに牛タンに添えられるテールスープの「テール(牛のしっぽ)」も、もともとは廃棄物として捨てられていたものだ。

昔の人たちは、まさか牛のしっぽがお金になるとは想像だにしなかったに違いない。

そう考えると豚骨ラーメンが名物になった理由もだいたい予想できるはずだ。

九州の高菜も貧しい人々や炭鉱で汗して働く労働者たちができるだけ安くておいしく栄養を補給したいということで、味付けや調理に知恵を絞って広まったのだ。

昔は今よりも地方と都会の格差が激しく、貧富の差は歴然(れきぜん)だった。

だから地方にいる弱者や貧しい人々は生きるために頭を捻(ひね)りに捻ったのだ。

今あるものを使って何かできないか。

何とかしてお金をかけずに生活できないか。

その積み重ねが名物を生み、その土地の経済の一部を

支えることになったのだ。

あなたが旅先で何気なく買っている名物は、その土地の先人たちの知恵と汗の結晶なのだ。

理由のない名物はこの世に存在しないのだ。

さらに一歩突っ込んで考えると、名物は原価が安いものに限る。

ほとんど廃棄物として処分されていたようなものや、余りものがベストなのだ。

原価が安くてもおいしければ、人はお金を払う。

特に他所からやってきた人は細かい事情なんてよくわからないから、「こんなにおいしいのだから」とパッケージさえ美しくすれば珍しいものに対してどんどんお金を払ってくれる。

原価が高いものは名物には向かないのだ。

貴重品も名物には向いていないのだ。

以上を踏まえた上で名物を観察していくと、これまでに見えなかったものが見えてくるはずだ。

名物を通じてその土地の歴史を感じるのだ。

名物を通じて生きる知恵を教わるのだ。

旅先の名物から、その土地の歴史や、
生きる知恵を学ぼう。

17
知ったかぶりをしないで傾聴すると、特ダネをもらえる。

旅先で地元の住人と話す際には、あえてバカのふりをすることも必要だ。

知ったかぶりをしないことだ。

知ったかぶりをしないのは教わる側の最低限のマナーだ。

地元の人は自分たちの故郷に誇りを持っているものだ。都会から来たことを知れば、露骨にライバル心をむき出しにする人もいる。

自分がギリギリ知っている都会の高級店の名前を出して、「知っているか？」と虚勢を張ってくる人も少なくない。

特に都会の大企業でドロップアウトして地元に帰ってきたという人はこの傾向が強い。

実家の家業を継ぐためだとか言いながら、実際にはリストラされてそうせざるを得なかった人は数多いのだ。
以上を踏まえておけば、あなたは特ダネをゲットできる可能性がグンと高まるだろう。
私はこれを旅だけではなく、タクシーからも学んだ。
タクシーの運転手は一般に訳ありの人が多い。
どこかの会社をリストラされたり、一般企業への就活で敗北したりと挫折を味わった人たちが過半数を占める。
私は移動中に汗をかきたくない場合は、ほぼ100％タクシーを利用する。
これまで膨大な数のタクシー運転手と会話をしてきたが、彼らには「教えたがり屋さん」が多い。
彼らは暇な時間にずっとテレビを観たりラジオを聴いたりしているし、毎日さまざまなお客様を乗せるから話題は山のようにある。
いわゆる床屋談義と同じだ。
最近は「運転手はお客様に勝手に話しかけてはいけま

せん」という会社もあって、こちらから話しかけない限り彼らはずっと黙っていなければならない。

静かに休みたい乗客から会社にクレームが殺到するからだ。

だからタクシーの運転手は非常にストレスが溜まるのだ。

そんな彼らから上手に情報を引き出すためには、あえてバカのふりをするのだ。

私の場合は「まだ東京に出てきて３ヶ月で右も左もわかりません」と最初に声をかけることが多いが、その瞬間ほぼすべての運転手は目をキラキラと輝かせながらまるで機関銃のように話し始める。

私は「へぇ～」「そうですかー」「よく知っていますねぇー」と力を込めて相槌を打つだけだ。

たったこれだけのことで相手はボロボロと口を滑らせて特ダネを漏らしてくれるのだ。

聞き上手になるためには、相槌を打つタイミングと力強さに注意すればいい。

私は旅先で出逢ったおばちゃんたちから、よく「ごめん、話し過ぎちゃった」と最後に謝られる。

旅先では、聞き上手になろう。

18

その土地の城を調べると、県民性がわかる。

すべての都道府県には城がある(あった)。

旅の途中にスマホでこれから向かう土地の城について調べておくといいだろう。

どんな殿様が住んでいたか、またそれはどんな時代だったのか。

わずか10分で概要を仕入れることができるはずだ。

予めその土地の城を知っておくだけでも、かなり具体的なイメージができるだろう。

何も知らずにボーっとしているとその土地から得るものは非常に少ないが、城の知識を即興(そっきょう)で仕入れておけば連鎖的に情報が繋がっていく。

そして多かれ少なかれその土地の県民性と関連してくるものなのだ。

県民性というのは各都道府県の出身者や住人の特性だ。

100％正確に当たるわけではないが、大まかにはかなり当たる。

県民性について書かれた本を新入社員の頃に読んだことがあるが、大学の卒業旅行で47都道府県を巡った直後だったこともあり、非常に深く読み込めた。

実際に自分が住んだことのある土地はもちろんのこと、これまで旅先で出逢った人々のことを思い出すと、見事に的を射ていると感心したものだ。

そして県民性の割り出しには、学術的な統計学や歴史がかなり駆使されており、根っこの部分では正しいとしか言いようがないのだ。

歴史には必ず城が登場し、城には必ず主がいた。

城が県民に与えた影響は絶大なのだ。

県民性は子や孫の代のみならず、遺伝子の如く脈々と引き継がれていく。

もし他所から来た人がいたとしても、必ず時と共にその土地の県民性に感化されていくだろう。

それが自然の摂理なのだ。

第2章 出逢い　85

県民性を広げたものが国民性と考えれば、よりわかりやすいだろう。

日本には日本の、アメリカにはアメリカの、中国には中国の国民性が確実に存在するはずだ。

そしてそれらは歴史と切っても切り離せない関係にある。

愚直で生真面目な人々が多いのは、そうなる理由が確実に存在する。

不器用で大雑把な人々が多いのは、そうなる理由が確実に存在する。

嘘つきでふてぶてしい人々が多いのは、そうなる理由が確実に存在する。

ちなみに私が4年間を過ごした仙台の大学には歴史オタクが異様に多かった。

とりわけ文学部の学生は「大学受験の2次試験で日本史が選択できないのはどう考えてもおかしい！　どうして数学が必須なのか」と異口同音に愚痴っていた。

仙台の城の歴史を調べていくと、「プライド」と「もど

かしさ」の融合体であることがわかる。

城にはその土地のロマンと怨念(おんねん)が詰まっているのだ。

城を入口にして、その土地で引き継がれてきた県民性を知ろう。

19
冒険は、これまでの知恵と勇気のすべてが露呈する。

冒険をすると何が鍛えられるかといえば、知恵と勇気だ。

それも範囲が「●ページ〜○△ページまで」と予め発表されるお子様の定期テストではなく、**生まれてから今日までのすべてが試される抜き打ちの実力テストだと考えればいい。**

冒険を手っ取り早く経験するためには、やはり旅が一番だ。

旅慣れした人と旅慣れしていない人の差は、一目瞭然だ。

旅慣れした人は、行くと決めてから出発するまでの時間が短く、荷物は必要最小限だ。

思わず「え!?　もう準備できたの?」「たったこれだけ

で着替えとかは大丈夫なの?」と声をかけたくなるくらいだ。

それに対して旅慣れしていない人は、行くと決めてから出発するまでの時間がやたらと長く、荷物が異様に多い。

思わず「今日はやめて明日にする?」「引っ越しでもするの?」と声をかけたくなるくらいだ。

荷物が多い割には財布やチケットなど肝心なものを忘れていたりするから手に負えない。

こういう輩(やから)は列車やバスでも同じ料金しか払っていないくせに、数人分の面積と体積を占めるから迷惑極まりないのだ。

すでにスタートから知恵と勇気が試されているのだ。

着替えなんて今時コンビニでいくらでも売っているし、旅先で好きなだけ買える。

お化粧セットもコンビニですべて揃うし、水準以上のホテルならきちんと用意してくれる。

究極、財布とチケットさえあれば他はどうにでもなる

のだ。

もしどうにかならなくても、それはそれで楽しめばいいのだ。

女性が憶えておいたほうがいいのは、お金持ちで成功している男性はホテルのチェックアウトでモタモタする女性に愛想を尽かすということだ。

成功者は例外なく時間にうるさい。

常軌を逸するほどにうるさい。

もし12時にチェックアウトしなければならないなら、遅くとも11時半くらいには余裕を持って部屋を出たいと思っているものだ。

そうでなければ、時間ギリギリのだらしない宿泊者たちと一緒になって並ぶ羽目になるからだ。

にもかかわらず、「ちょっと待って……」と化粧直しを始めてしまう女性がいる。

もうこれだけで成功者と結ばれる可能性は、ほぼなくなってしまうのだ。

出発とチェックアウトだけではなく、旅のプロセスす

べてがその人の生き様を露呈するのだ。

相手がいる場合には、とりあえず時間で迷惑をかけないようにすることだ。

一人旅の場合は、自分で自分を律していなければいい冒険はできない。

旅慣れするということは、リラックスしながらも自分を律していくことができるということなのだ。

生き様が露呈する旅で、
知恵と勇気を鍛えよう。

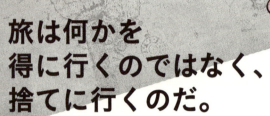

20

旅は何かを得に行くのではなく、捨てに行くのだ。

あなたが何も獲得できない理由は簡単だ。
あなたの両手がふさがっているからだ。
両手がふさがっている人には何も与えられない。
未熟で忙しくバタバタしている人には、上司はチャンスを与えないのと同じだ。
神様も忙しかったり何かを抱え込んでいたりする人には、気を遣ってチャンスを与えないものだ。
何かを獲得したければ、まず手放さなければならない。
何かを得たければ、まず今抱え込んでいるものを捨てなければならない。
それにはやっぱり旅がいい。
私は旅でモヤモヤや嫌な思い出をすべて捨ててくる。
温泉なら汗と一緒に流してくる。

緑溢れる観光地では大自然にモヤモヤをすべて吸収してもらう。

ホテルのキングサイズベッドに大の字に寝転がると、嫌な思い出が地球の中心に吸収される気がして心地良い。

別に狙っているつもりはないのだが、今履いている靴下に穴があきかけていることに、ホテルの部屋で偶然気づくことも多い。

あるいはホテルの部屋で下着をまじまじと見て「この機会に買い替えようかな」と思うこともある。

だから旅においては、行くときに身につけていたものを宿泊先で捨ててくることが多い。

運は、大原則として、不要なものを抱え込んでいると悪くなるという特性がある。

体も老廃物や毒素を抱え込んでいると病気になるのと同じだ。

そもそも不要だということは、それ自体運が悪いということに他ならない。

かれこれ1年間触れていなかったり、もうこれから使うことがないとわかっていたりするものは、すでに不運の 塊（かたまり）なのだ。

不運の塊を身につけていては、どんどん運気が下がる。

過去に背負っていたものを捨ててくることによって、新しい自分に生まれ変わる準備ができるのだ。

旅の場合は帰りの荷物も減るわけだから、まさに一石二鳥だ。

よく「しばらく自分探しの旅に出かける」と言っていなくなる人がいるが、帰ってきた時の表情が軽くなっていたらその旅は成功だ。

なぜなら旅先で不運を捨ててきたからである。

帰ってきた時の表情が重く、どこか疲れていたらその旅は失敗だ。

なぜなら旅先で不運を抱え込んできたからである。

呼吸と同じで、まずきちんとアウトプットしないことには上質のインプットはできないのだ。

捨てることによって、
得ることができる。

旅をして
知らない場所の土を踏むということは、
その瞬間あなたは変われるということだ。

第3章

21
ハイになりたいなら、アルコールより旅行。

旅に出かけるとテンションが上がって騒ぐ人は多い。
子どもの頃に修学旅行でハイになって部屋で枕投げをした人は多いはずだ。
「あれは子どもだったからできたことだ」と笑っている場合ではない。
大人になってからも私たちは他の何かで枕投げの代わりをしてハイになることを求めているものだ。
お手軽にハイになりたかったらお酒を飲むことだが、きちんとハイになりたかったら旅をすることに限る。
団体旅行だとハイになるのは誰でもわかるだろう。
人は群れると気持ちが大きくなるから、周囲より自分たちは偉くなったような気になる。
もちろん束の間の高揚ではあるが、それはそれでストレス解消になる。

しかし**一人旅こそ、本当にハイになれるのだ。**
一人旅をすれば誰でもわかるように、自分が人生の主人公であることに気づかされる。
自分が人生という冒険の主人公になって、生きている実感を全身の細胞で味わえる。
普段はサラリーマンで人にこき使われている身分でも、旅をすれば主人公を気取れる。
これが旅の素晴らしいところだ。
旅をしているうちにストレス解消のみならず、新しい自分を発見できるかもしれない。
「そういえば自分がやりたかったことはこんなことじゃない」
「今まで何という無駄な時間を過ごしてきてしまったのか……」
「子どもの頃の自分に今の自分を見せるのが恥ずかしい」
一人旅をすると、ふとこうしたことが頭をよぎったりするものだ。

そしてバカにならないのが、**一人旅をきっかけに人生の大きな決断をする人たちがいる**という事実だ。

私の場合は卒業旅行中に将来は文筆業をして生きることを再確認できた。

サラリーマン時代の海外研修中に独立するタイミングを掴むことができた。

それ以外にも様々な旅の途中で様々な決断をしたものだ。

何か明確な目的があって旅行に出かけたわけではないが、自分の中にぼんやりとした課題を抱えた状態でリラックスして旅に出かけたら決断のきっかけになったというわけだ。

アルコールと違い、旅のハイの状態は長続きするものが多い。

アルコールのハイが本物なら、安居酒屋で騒いでいるサラリーマンは今頃全員豪傑だ。

アルコール同様に一時的にハイの状態が終わってしまうなら、そのハイは偽物のハイだ。

アルコールと違い、ハイの状態が高ぶり続けるのであれば、そのハイは本物だ。

旅は、自分が人生の主人公であることに気づかされる。

22
知らない場所だと、変わりやすい。

学生時代に「高校デビュー」「大学デビュー」という言葉がなかっただろうか。

それまでの冴えない自分を変えようと、人生の節目に思い切って新しい自分を演出するのが「○○デビュー」だ。

周囲からはバカにされる格好の対象になったものだが、それは最初のうちだけだ。

「○○デビュー」をとことん貫けば、ヒソヒソ話していた周囲はまもなく認めるようになる。

「○○デビュー」を批判していた連中より、批判されながら「○○デビュー」を果たした人間のほうが間違いなく人生を謳歌していたものだ。

これは大人になってからも何も変わらない。

一度「ダメ人間」と烙印を押されたサラリーマンは、本

当にそのままうだつの上がらない人生で幕を閉じることが多い。

一度「できる人間」と烙印を押されたサラリーマンは、本当にそのままできる人間として人生を上向きにさせていくことが多い。

なぜたった一度でも押された烙印が生涯ついて回るのかといえば、同じ場所にいるからだ。

同じ場所にいる限り、そこには同じ人間がいる。

同じ場所に同じ人間がいるということは、あなたが押された烙印の通りにあなたが生きるようにメッセージを刷り込まれ続けるということだ。

「嘘つき」という烙印を押されたら、同じ場所に同じ人間がいる限りあなたは「嘘つき」のままだ。

「バカ」という烙印を押されたら、同じ場所に同じ人間がいる限りあなたは「バカ」のままだ。

もちろん途中でいくつかの下剋上はあるだろうが、あくまでもそれらは少数派であって、あなたに当てはまるとは限らない。

だから確実に手っ取り早く押された烙印を消したければ、今いる場所から飛び出すことだ。

今いる場所から飛び出せば、たとえあなたがメガバンクや大手総合商社の社員だったとしても、いかに小さな金魚鉢の中で苦しんでいたに過ぎなかったかと気づかされる。

場所を変えてあなたが成功すれば、半数以上が落ちこぼれるサラリーマン社会の元同僚とは、もはや次元の違う存在になる。

これが人生のステージを上げていくということなのだ。

人生のステージを上げていく疑似体験が、旅だ。

旅をして知らない場所の土を踏むということは、その瞬間あなたは変われるということだ。

普段はネクラだったら、旅先ではネアカを演じられる。

普段はネアカだったら、旅先ではネクラを演じられる。

普段の自分と逆の自分を試すことによって、本当の自分の位置を探るのだ。

いくつになっても「○○デビュー」をする挑戦者でい

たいものだ。

知らない場所に行った瞬間、
あなたは変わることができる。

23

1日だけなら、
変わりやすい。

自分を変えたいという人は多い。

書店でも自分を変えたい人向けの本が売れている。

人は自分を変えるために、勉強したり本を読んだりするのだ。

にもかかわらず、自分を変えられない人のほうが圧倒的に多い。

その理由は何か。

それは、永遠に変わり続けなければならないと気負うからだ。

「さあ、これから永遠に変わり続けよう」と気負うと、人は変われないのだ。

なぜなら三日坊主が許せなくなるからだ。

ところが、人というのは放っておくと三日坊主になるようにできている。

　三日坊主というのは決して悪いことではなく、自然の摂理に則った正しい習慣なのだ。

　もし人がすべてのことを継続できたとしたら、すべての人が万能になってしまう。

　そんなつまらない世界はまっぴらごめんだ。

すべての人は完璧ではなく、お互いに能力を補い合うから人生は楽しいのだ。

　もし継続したければ、三日坊主に悩むのではなく、1日だけでいいと割り切って挑戦してみることだ。

　実際には三日坊主ですら大変だが、1日だけなら誰でも挑戦できるはずだ。

　1日だけでいいと割り切って何かに挑戦しているうちに、必ず自分にハマるものが発見できる。

　1ヶ月に1回の挑戦なら年間12回挑戦できる。

　1週間に1回の挑戦なら年間50回以上挑戦できる。

　毎日1回ずつの挑戦だと年間365回挑戦できる。

　これだけ挑戦し続けていれば、必ずあなたにピッタリの何かと出逢うだろう。

継続で大切なことは続けようと力むのではなく、肩の力を抜いてあちこち浮気し続けることだ。

そのきっかけに最適なのが、旅だ。

旅の素晴らしいところは、たとえ日帰り旅行であっても自分を変えることができるということだ。

もちろん長期の旅であれば、毎日自分を変えることができる。

ひょっとしたら旅先で偶然見かけたお祭りがきっかけで、「よし、やってみよう」と思えるかもしれない。

あるいは部屋で偶然読んでいた雑誌の中に、「これ、面白そうだな」と感じるものがあるかもしれない。

旅館の女将さんのビヘイビアを見て、「自分も着付けや茶道を習おう」と燃えるかもしれない。

少なくともマンネリ化した日常より、旅に出かけたほうが変わるきっかけに溢れている。

旅の間でもいいし旅から帰ってきてからでもいいから、今までと違う何かをやってみようと思えば大成功ではないだろうか。

私も1日限定チャレンジャーだが、そのうちに自分がつい継続してしまうことを複数発見した。

まずは、1日だけでいいと割り切って挑戦してみよう。

24
旅館・ホテル業は、改善の余地が山のようにある。

旅でお世話になる宿泊施設を観察していると面白い。旅館・ホテル業はサービス業のはずなのに、もともとサービスが嫌いな人もたくさん働いているということがわかってくるからだ。

就活で大手企業やブランド企業から相手にされなかったから、仕方なく"少し見栄えのする"旅館・ホテル業界でお茶を濁した学生は多い。

大手企業やブランド企業と比較すれば激務で薄給でも、「外資系の○○ホテルで勤務」「名門○○ホテルで勤務」と言えば、決してエリートとは思われないが多少の下駄を履ける。

「それほど優秀ではなかったかもしれないが、一応マナーは知っている」ということで、縁談にも有利に働

くかもしれない。

"日本一のおもてなし"と評判だったり、オープン当初は下限の部屋で10万円近くも取るようなホテルでも改善の余地が山のようにあったりするものだ。

私はサラリーマン時代にビジネスとして数多くの旅館・ホテル業と本音ベースで関わってきたが、やっぱり人材レベルがまだまだなのだ。

率直に申し上げて、一流ホテルのマネージャーや支配人クラスでもドンマイで冴えない人材が多い。

支配人といったら何やらとても偉そうに聞こえるが、実際にはせいぜい親会社の部長クラス扱いで、ごく普通のサラリーマンに過ぎないことが多い。

その証拠に経営陣は金融機関や大手企業の天下りで埋め尽くされていることもある。

最初からホテルに就職するような人材に、ホテルの経営戦略を練られるような逸材はいないと考えられているからだ。

だから旅館・ホテル業はダメだと言いたいのではない。

逆だ。

だからこそ、旅館・ホテル業は本気の人間にとってチャンスなのだ。

どんなに一流と評価される旅館やホテルでも現状は人材がスカスカなのだから、少し意識して勉強するだけで突出できる。

私の本の読者には旅館・ホテル業で働いている人も数多くいる。

私の本を読んだ勉強熱心な彼ら彼女らの声をまとめると、「千田本の内容よりずっと甘いからこのままでは将来が心配」「旧態依然の組織で真の富裕層たちから見放されている」というものだ。

あなたは旅館・ホテル業界で勤務しているわけではないかもしれない。

だが**すべての仕事はサービス業だ。**

旅館・ホテルには授業料を払いながら、長所も短所もすべて教わっていくのだ。

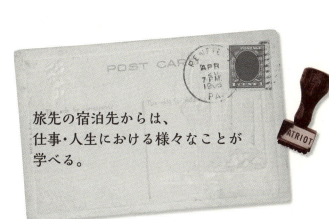

旅先の宿泊先からは、
仕事・人生における様々なことが
学べる。

第3章 発見

25

ちゃんと
ご主人様扱いされる
宿に泊まってみる。

これまで私はピンからキリまで様々なホテルに泊まってきた。

ピンのホテルは値段が値段だけあってちゃんとご主人様扱いされる。

キリのホテルは値段が値段だけあってちゃんとご主人様扱いされないことが多い。

どちらがどうではなく、どちらもそれぞれ楽しめばいい。

だがキリのホテルにしか泊まったことがないというのはちと寂しい。

キリのホテルにも泊まりつつ、たまには奮発してピンのホテルにも泊まるほうが人生の幅が拡がる。

もともとサービスというのは、お客様の召使として尽

くすということだ。

召使というのは一般に身分が低いが、プロなら堂々と召使に徹することだ。

なぜならそれが仕事だからである。

中にはまだ見習い中で、厳しいお客様やわがままなお客様に対してキレてしまう召使もいるかもしれない。

だがそれはプロではない。

プロの召使は何が起こってもむやみやたらに動じないよう、きちんと訓練されているものだ。

同時にホテルを利用する側にも注意点がある。

それは自分がご主人様扱いされるにふさわしい言動を身につけることだ。

お金を払ってマナー研修に参加するのも一案だが、私の知る限りマナー研修の講師自身がマナーのできていない人が多い。

ヒステリックに叫ぶ講師や笑顔を強要してくる講師はすべて偽物だと考えていい。

本物のマナー研修の講師なら、ただそこに存在するだ

けで場が和み、生徒が勝手に真似をしたくなるはずだ。

上品な人の傍にいれば、自然にあなたも上品になる。

お下品な人の傍にいれば、自然にあなたもお下品に
なる。

しかるべき講師に当たればいいが、ハズレの講師に教
わったらあなたの人生が狂ってしまう。

私がおススメしたいのは映画だ。

『マイ・フェア・レディ』や『プリティ・ウーマン』を
鑑賞すれば、ご主人様のビヘイビアはどういうものな
のかがわかる。

日本人によく見られるような慇懃無礼であってもおか
しいし、かといって傲慢過ぎてもおかしい。

ご主人様はご主人様を、召使は召使をきちんと演じ切
ることが大切なのだ。

そして**ピンの旅館・ホテルというのは、人の人生を変
えてしまうほどの絶大な影響力を秘めている**ことにも
気づかされるだろう。

二流ホテルのスイートルームではなく、超一流ホテル

のデラックスダブルがおススメである。

超一流のホテルは、
人生を変えるほどの影響力を
秘めている。

26
まるで冗談のように廃れた宿に泊まってみる。

もしお金がなくて中途半端なビジネスホテルに泊まるくらいなら、思わず笑いが込み上げてくるくらいの廃れた宿に泊まってみるのも面白い。

否、お金があっても冗談のように廃れた宿に泊まってみる経験は一度しておきたい。

「こんなに酷(ひど)いサービスでよく潰れないな」

「これでは部屋の鍵の意味がないだろ」

「こんなまずい飯でクレームこないの?」

このように**思わず声が漏れるような宿からこそ、学ぶものがある。**

なぜならそんなに悲惨な状態なのに、現実に経営がちゃんとできているからだ。

サービス業の模範から大きく逸脱した状態で、創業30年や50年も商売を続けていられるのは必ず何かしら

理由があるものだ。

私はコンサルティング会社に勤務していた頃、様々な組織を見てきた。

その中で「この会社は確実に倒産する」と確信したところで、未だに細々と事業が続いているところが複数ある。

どの角度から見ても倒産確実なのに、何度も息を吹き返してくる会社は存在するのだ。

その度に私はそれらの会社が生き延びた理由を調べてみた。

祖父の代から引き継いで嫌々やっているが、実はサイドビジネスで稼いでいることもあった。

市町村との癒着で毎年何度か団体様で利用してもらっていることもあった。

実は知る人ぞ知る、とっておきの極秘サービスを受けられるということもあった。

業種業界の違いはあるにせよ、三流がサバイバルするためのパターンはおおよそ決まっていた。

こうした廃れた宿に確信犯的に泊まると、そもそも最初から期待していないからサービスが悪くても腹も立たない。

それどころか当たり前のことをやってもらえるだけで、感動してしまう。

「おお！　ちゃんと布団を敷いてくれている」

「朝食の漬物は予想通り干からびていたけど、焼き魚は普通だった」

「トイレは予想通り共用だったけど、風呂は個別に部屋にあって助かった」

当たり前に感謝できるようになるから、どこか心が洗われるような気分になる。

私の場合はこうした廃れた宿に泊まると、無性に切なくなって初心に立ち返ることができる。

もし自分の親がこんなに廃れた商売をして生きていたら、一体どんな気持ちになるだろうかと想像してしまう。

そしてその切なさをあえて求めるために、私は廃れた

宿に惹かれるのだと思う。

他人に対して切なさを感じるためには、自分が悲惨な人生を送っていてはならない。

まず自分が自立していなければ、誰かに対して切なさを感じることなどできないからだ。

廃れた宿からこそ、
学べることがある。

27

落ち目の
一流老舗ホテルより、
理念が浸透した
全国チェーンホテル。

サラリーマン時代に出張で全国を飛び回ったが、社内
規定の料金内でいかにマシなホテルに宿泊できるかを
見極める力が自然に磨かれた。

意外なことに地方では、落ち目の一流老舗ホテルと勢
いのある全国チェーンホテルの値段に大差がなかった。
あるいは落ち目の一流老舗ホテルとまだ新しい二番手
のホテルとでは、値段が逆転していることがしばしば
あった。

各地でそれら両方に宿泊しているうちに、否が応でも
どちらがお得かがわかってきた。

落ち目の一流老舗ホテルより理念が浸透した全国チ

ェーンホテルのほうが、断然出張族の心を掴むサービスを提供していた。

ごく一部だがたとえばこんな感じだ。

- 朝食は決して豪華ではないが、家庭的なものが多い
- 想像していたより部屋が広く、荷物の収納のための空間が上手に設計されている
- 全体に丁寧過ぎず、さっぱりとした気持ちのいい接客
- ズボンプレッサーがすべての部屋に常備されている
- 設備が新しく、そして清潔感が溢れている
- 歯ブラシやシェービングセットをケチっていない
- 浴槽が思っていたより広い
- 好みによっては温泉も自由に使える

伸び盛りの全国チェーンホテルは「決して優秀ではないが素直な人間」を徹底して採用し、洗練されたマニュアルの下でサラリーマン好みの人材と環境を創り上げたのだろう。

実にお見事である。

これが落ち目の一流老舗ホテルだと「私は一流ホテルマン」といった変なプライドだけが先行し、疲れてストレスが溜まったお客様とコミュニケーションが上手く取れずにトラブルになったりする。

その上全体に設備が古く、お客様からしてみれば「落ち目のくせに……」という上から目線も手伝って、ますます客離れの原因となっていく。

夜中にヘトヘトになって部屋に帰ってきたサラリーマンがフロントに電話してズボンプレッサーを頼むと、「只今、全て貸出し中です」と言われて見切りをつけられる。

このようにホテルに限らず、**"落ち目"というのは何から何まですべてがずれているのだ。**
逆に新参と見下されようと、勢いがあるものにはツキがあるから何から何まで的を射ているのだ。
普段どちらのグループに属しているかで、あなたの価値も決まっていくのだ。

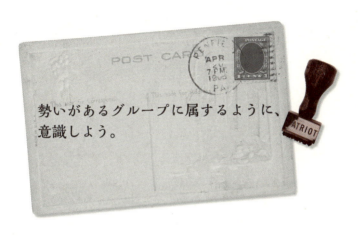

勢いがあるグループに属するように、意識しよう。

28

水回りに
問題の多いホテルは、
四流に落ちぶれる。

旅館・ホテル業界内の格式とは関係なく、ホテルは一流に向かっているか三流に向かっているかのいずれかしか存在しない。

「都内に超高級ホテルがオープン」と評判になっても、一流に向かっているか三流に向かっているかがしばらくすると必ず露呈される。

その中でもとてもわかりやすいのが、水回りのトラブルだ。

特にトイレで水が詰まるのは迷惑極まりない。

そしてシャワーの温度調整にやたら時間がかかったり、急に熱湯が出てきたりするのもアウトだ。

もうそれだけで旅が台無しになるくらいだ。

水回りに問題の多いホテルは、必ずしも老朽化だけが

理由ではない。

「まだ昨年オープンしたばかりだよね」というホテルでも平気で水が詰まることがある。

部屋に入って水を使用した瞬間、「うわっ、これは嫌な予感」と直感することが多い。

結局のところ、まめなメンテナンスができているか否かである。

水詰まりなんてトイレや浴槽を掃除する際に予めわかるはずだ。

わからなければプロではない。

つまり清掃員たちはほぼ確信犯で「まあ、いいや」と妥協して、お客様を宿泊させているのだ。

犯人は誰か。

もちろん支配人やマネージャーである。

現場のスタッフや清掃員たちは支配人やマネージャーたちの頭の中をそのまま表現しているに過ぎないのだ。

支配人やマネージャーが「まあ、いいや」という考えの持ち主だと、100％の確率でスタッフや清掃員たちは

「まあ、いいや」と考え、それを見事に行動に移すようになる。

さらには設計の段階から常軌を逸するほどに水回りには気を遣うのがプロというものだ。

つまり経営陣たちがそもそも三流の人材だと、オープン当初から三流に向かっていることになる。

お気の毒な話だ。

水回りの完成度でそのホテルの水準が決まる。

水回りにトラブルが多ければ、そのホテルは四流なのだ。

四流とは三流の下に位置しており、能力も人間性も低いということだ。

あなたも水回りのトラブルに巻き込まれたらイライラするだろうが、まさにそれは四流の世界に引き込まれている証拠である。

翻って、あなたの仕事ではどうだろうか。

宿泊施設の水回りに該当する「ここだけは外せない」という要が、どの仕事にもあるはずだ。

「最近不調が続くな」という時は、たいてい外してはいけない要を疎かにしていることが多い。

要の部分を外していないか、
注意しよう。

第3章 発見

29
その土地の盛衰は、地元の人の人間性で決まる。

市町村が財政危機に陥ることがある。

都道府県が財政危機に陥ることがある。

国が財政危機に陥ることもある。

その土地の盛衰は、そこに住んでいる人々で決まるのだ。

住んでいる人々の感じが良ければ、人とお金が集まってくるから繁盛していく。

住んでいる人々の感じが悪ければ、人とお金が去って行くから衰退していく。

シンプルだけど、それだけの話なのだ。

誰だって感じの悪い人よりも感じのいい人にお金を払いたいものだ。

衰退するということはそれだけ魅力がないということ

であり、100％自分たちの責任なのだ。

自分たちに魅力がないから自然の摂理として衰退しただけなのに、「予算を増やしてくれ」「補助金を増やしてくれ」とはちゃんちゃらおかしな話なのだ。

正々堂々と淘汰されるべきである。

サラリーマン時代に全国的に有名な某商店街の理事長と面談したことがあるが、とても商人とは思えないほどの傲慢ぶりだった。

補助金でジャブジャブになり、近所の寺の坊主と癒着し、贅沢三昧だった。

案の定それからまもなくその理事長の人生も商店街も仲良く衰退していった。

理事長からしてそのレベルだから、当然その商店街の店主たちもつけ上がる。

マスコミで一時的にもてはやされたが、年々客の足は途絶えていった。

全国を旅していても、これは強く感じる。

せっかく全国各地から観光客が来てくれているのに、

忙しいからと雑な対応をしているとそれは翌年以降に
どんどん反映されていく。

観光客たちに「ちょっとつけ上がり過ぎじゃない？」
とあちこちで噂されるから、ものすごい勢いで落ちぶ
れていくのだ。

私は大阪で約10年間生活していたが、マスコミが流し
ている情報と現実には乖離があるといつも感じていた。

大阪人には目先の利益を優先する人が多く、長期的視
野を持てる人が少なかった。

長期的視野を持てるような優秀な人材はすべて中央に
流れてしまう。

お笑い文化が栄えたのは大阪人が面白いからではなく、
シャイで不器用だったから処世術の一環としてやむを
得ず発展したのだ。

東京に対する一方的なライバル心はあるものの、だか
らといって行動力が伴うわけではなく、やたらでかい
声でその場しのぎの冗談を言い、口からエネルギーを
発散させてしまう。

<u>あなたの土地を魅力的にしたければ、あなたがまず魅力的になることだ。</u>

人間性を磨けば、
あなたが住む場所も輝く。

30
確認電話で感じの悪い
対応をされたら、
キャンセル。

あえてハズレのホテルを味わいたければ話は別だが、彼女と幸せなひと時を過ごしたいとか、今回は一流のサービスを堪能(たんのう)したいと考えている場合は、ハズレのホテルには関わるべきではない。

ではどうすればハズレのホテルの目利きができるのか。簡単である。

予約の確認電話をしてみて、感じの悪い対応をされたらその場でキャンセルすればいいのだ。

まず3コール以内に電話に出なければ即キャンセルしていい。

電話はホテルの最初の入り口として完璧でなければならないはずなのに、ここで抜かりがあるということは最初からお話にならないということだ。

すべてのサービスに抜かりがあるということに他ならない。

最初にかけた電話は10コールしても出なかったのに、次にかけた電話ですぐに出るホテルもあるが、これもキャンセルしていい。

何コールもされて「大変お待たせして申し訳ございません」と謝りたくないから、最初にかけた電話はあえて無視してしまえ、という小賢しいいやらしさが滲み出ている。

こうした小細工を使うホテルは、すべてのサービスでインチキをしている可能性がある。

「それは偽装ではなく誤表記です」というように。

「〇月〇日に予約している千田と申しますが……」と電話してみて、あなたに対する畏れを感じ、本当に気持ちのいい対応をされた場合のみ宿泊するに値するのだ。

もし「先ほど申し上げた通り」と言われたら、「お前バカか？　何度言ったらわかるの？」とあなたはバカにされていることに気づくことだ。

本来なら相手の説明が未熟なわけだから、何度でもわかりやすく説明してしかるべきなのだ。

もし「大丈夫です」と言われたら、「いちいち余計な心配しなくていいよ。ちゃんとやってやるから」とあなたはバカにされていることに気づくことだ。

本来なら「大丈夫です」ではなく、「もちろんでございます」が相手を敬っている人間の口から出てくる言葉だ。

ほんの些細なことにでもカチン！　とくる感性を磨かないと、いつまで経ってもあなたはちゃんとしたサービスを受けられない。

サービスを堪能したいホテルへの予約の確認電話というのは、減点方式でちょうどいいのだ。

たとえば２カチン！　までは許しても、３カチン！は許さないと決めておく。

予約の確認電話は３カチン！　目でそのままキャンセル電話へと変更すればいい。

キャンセルは簡単で、たとえ相手が話している途中で

も「やっぱりやめます。キャンセルします」ときっぱり断って、相手が絶句している間に一呼吸してから受話器を静かに置くことだ。

「やっぱりやめます」と言えるようになって、あなたは大人の仲間入りなのだ。

堂々とキャンセルをして、
ハズレのホテルには
関わらないようにしよう。

第4章

カッコいい後姿になりたければ、
旅をしながらカッコいい別れを
重ねることだ。
後姿を鍛えれば、
あなたの人生は確実に変わっていく。

感 動

31
国は、
匂いで記憶する。

あなたは1次情報と2次情報の違いは何と考えるだろうか。

それは匂いだ。

視覚や聴覚だとインターネットで好きなだけ堪能できるから、下手をするとナマの体験をした人よりも豊富な知識を仕入れることができるくらいだ。

ところが**匂いだけはナマの体験をしなければわからない。**

ある国は、空港からすでにウンコの匂いが漂っている。

また別のある国は、キムチやラードの匂いが漂っている。

これは国内でも同じだ。

各地でその土地特有の匂いが存在する。

駅ごとに匂いが存在する。

間違って途中下車しても視覚や聴覚ではなく、臭覚で「あれ、何か違う」と違和感を抱く。

匂いというのはそのくらい記憶に刻み込まれているのだ。

こればかりは今のところインターネットではわからない。

口でいくら説明しても、実際の匂いは嗅いでみないことには絶対に伝わらないからだ。

あなたも幼い頃に母親（父親）の匂いを感じたことがあるはずだ。

「嗚呼、これが母親（父親）の匂い」という安心感は、筆舌に尽くし難い。

そして人は恋をすると、好きになった相手の匂いを記憶する。

たとえ汗臭くても、その汗臭さが好きになる。

それが恋をするということだ。

反対に匂いが好きになれないということは、相手のことが好きじゃないということだ。

換言すれば、匂いが好きになれる相手があなたにとって運命の人なのだ。

匂いが嫌いな相手は、あなたにとって本来近づいてはいけない人だ。

頭で考えるまでもなく、あなたの体が自然に反応して教えてくれているのだ。

私の場合はお気に入りのカフェや理容室なども匂いで決めている。

カフェといっても各店の匂いは千差万別だ。

清潔なコーヒーの匂いが漂っている店もあれば、不潔なコーヒーの匂いが漂っている店もある。

理容室といっても各店の匂いは千差万別だ。

清潔なシェービングクリームの匂いが漂っている店もあれば、不潔なシェービングクリームの匂いが漂っている店もある。

決断で迷ったら、最後は匂いで決めていい。

匂いこそ、最大の判断基準。

第4章 感動

32
海外のボッタくりバーで、夜明けまで監禁される。

私の海外での一番の思い出は、ボッタくりバーだ。
日本でもボッタくりバーに関わったことがなかったのに、「あ、これが噂のボッタくりバーなのか」といきなり刺激的な体験をすることができた。
仲間と一緒に街の飯店で食事をしていたところ、日本語が流暢(りゅうちょう)な若者が近づいてきた。
不器用だけど真面目そうな青年で、一生懸命に私たちの話題に溶け込もうとしている。
すっかり意気投合してそのまま別の飲み屋に移動し、その国のことや街のことを教えてもらった。
夜中の12時を過ぎた頃だろうか。
その青年が行きつけのカラオケ店があるということで、みんな揃ってタクシーで行くことにした。
タクシーで15分くらいの場所で、ちょっと薄暗い感じ

だが地下1階にあるお洒落な店だった。

女の子たちが隣に座ってきて散々みんなでカラオケを楽しんだのだが、あることに気づき始めた。

それは隣の部屋が30分おきくらいに急に静まり返るということだった。

カラオケだからとても騒がしいはずなのに、「この沈黙は異様だな」と思っていたところ、私たちも隣の部屋に案内された。

しばらくするとそこが牢獄のような場所だということに気づいた。

ビジネスでいうところの、クロージング部屋だ。

その牢獄で、あちこちから連れてきたカモたちを30分おきにクロージングしていたのだ。

すっかり酔っぱらって出来上がった頃に女の子たちが急に席を外した。

その代わりに怖いお兄さんたちがドッと部屋に突入してきた。

リーダーが請求書を手渡してきたが、そこにはこちら

が想定していたものとは桁違いの数字が並んでいる。

それを見た他の仲間がどう考えたかはわからない。

私の頭を最初によぎったのは、自分の身の危険ではなく、「これは高い」という憤りだったことを今でも鮮明に憶えている。

人数で割っても、私の財布の中にあるすべてのお金の数倍だったから払えなかったのだ。

この体験を通して、**人は窮地に陥るとその人間の本質が露呈されることを全身で学んだ。**

その場にいた仲間の表情や言動は今でも鮮明に憶えているが、あれこそ本性だと痛感した。

紆余曲折はあったものの、結論としては私の意見が通って朝の6時半に解放された。

私たちが駄々をこねて長居すればするほど、クロージング部屋の回転率が落ちるから相手もダメージを受ける。

次第に相手はどんどん値下げ交渉し、「お前らもういい加減に勘弁してくれ」と追い出された。

少しお気の毒だったのは、最初にきっかけをつくった"ポン引き"の若者だ。
彼は私たちがダラダラと長居すればするほどに、床を見ながら「殺される」と震え上がっていた。

旅先での窮地も、学びの場にできる。

33

貪欲なコピー商品市場に、その国の生命力を感じる。

某アジアの国に海外研修で行った際に、とても驚かされたことがある。

繁華街のあちこちでごく当たり前のようにコピー商品が売られていたからだ。

そしてそのコピー商品にも明確な序列があって、質の高いものはどの店でも奥に案内される。

専用のスーツケースからコピー商品が続々と登場するのだ。

私が見せてもらったのは腕時計だったが、人気ブランドの商品がズラリと揃っていた。

日本円にして2万円や3万円の値付けをされているのだから、国産のまともな腕時計より高いくらいだ。

それも飛ぶように売れているらしく、トークも非常に洗練されていた。

各商品の長所だけではなく、短所もきちんと説明していた。

それらを目の当たりにした私は、彼らの生命力に驚異を感じたものだ。

コピー商品であることを度外視すれば、これらの技術やサービスはかなりすごいのではないかと思うのだ。

それらの国では人件費の安さからずっと欧米や日本からアウトソーシングを受け続けてきたが、「これくらいなら自分たちにもできる」と気づき、自社ブランドを作って成功を収めている。

もちろんコピー商品は違法だからとことん取り締まるべきだが、コピー商品からも学ぶべきことはたくさんあるのだ。

これまで日本も様々な国からコピーさせてもらいながら学んできたはずだ。

国レベルの話だけではなく、個人レベルの話でも同じだ。

「学ぶ」の語源は「真似る」から来ていると言われるよ

うに、最初は誰でも真似をすることから始まる。

真似をする人を目撃することによってあなたがイラッとするのは、あなたも本当は真似をしたいのに我慢しているからだ。

本当は自分もやりたいのに勇気がなくてできないことを、他人が平然とやってのけるのを見るとイラッとするのが人間だ。

現在私が仕事をしている出版業界にしてもこれは同じだ。

1冊ベストセラーが出ると、たちまちあちこちの出版社からその類似本が出される。

確かにあまり露骨なのは問題かもしれないが、類似本が出るのは人間社会においては自然の摂理なのだ。

興味深いのは、オリジナルだからとふんぞり返って類似商品を見下していると、立場が逆転してしまうこともあるということだ。

最後に、真似をする際には最低限のマナーがある。

真似をするからには、オリジナルをどこか一部でもい

いから超えて恩返しすべきだということだ。

コピー商品からも、
学ぶべきことはたくさんある。

第4章 感動

34

海外の富裕層エリアと大衆エリアは、完全に別の国。

海外に行くと日本人の誰もが一瞬で気づかされるのが、身分差別が明確だということだ。

逆に海外の要人や富裕層が日本を訪れると、大衆の態度のデカさに不快感を抱く。

海外では女子高生と会社の社長が同じ地下鉄の車両に乗っていることは、まずあり得ない。

身分差別というのは日本ではタブーになっているが、日本以外では人間には明確な序列があるのは常識なのだ。

同じ人間でも命の価値は違い、しかもその格差は想像を絶するほど大きい。

日本人が海外で分をわきまえないことをすれば、逮捕されたりあっさりと殺されたりしてしまうのだ。

日本の常識は世界の非常識であり、日本の非常識は世界の常識なのだ。

海外の富裕層エリアと大衆エリアは、もはや完全に別の国だと考えていい。

橋を一本渡ると大衆エリアから富裕層エリアへと移動できるが、ついさっきまで人ごみの中で物乞いをしていた人々がウジャウジャいたと思っていたら、今度は別世界のように人口密度が低くなり、絨毯の道を歩くことになる。

現実には日本にも身分差別は存在するのだが、上手にぼかして見えにくくされている。

正確には大衆で居続ける限り、格差の違いは感じられないように洗脳されている。

自分が富裕層になると大衆がいかに洗脳されて搾取されているのかが実によくわかるのだが、わざわざ自分の口からそれを公開する富裕層などまずいない。

できればこのままずっと大衆から搾取し続けて、自分は安穏としながら富裕層のポジションをキープしたい

と思っているからだ。

だから日本の富裕層は偉くなればなるほど議論を好まず、「世のため人のため」と美辞麗句を並び立てて適当に大衆をあしらってコントロールしている。

日本はすべてがテーマパーク化していて、富裕層も大衆も平等扱いされているように見える、世界でも珍しい国なのだ。

ところが海外だと富裕層と大衆が同じ扱いをされるテーマパークは、まさに大衆には「夢の国」なのだ。

日本のテーマパークは大衆にとってはただの「楽しい」場所だが、海外のテーマパークは大衆が束の間の「勘違いできる」天国なのだ。

このようにテーマパーク一つ取ってみても、その重みはまるで違うのだ。

以上を踏まえて「自分は日本に生まれてきて幸せだな」と感謝するだけに終わるのではなく、ひょっとしたら日本が異常なのかもしれないと疑ってみることも大切だ。

あらゆる戦争は、「自分たちが正しい」「平和のために戦う」という思い込みから始まる。
世の中の「あり得ない」を「アリかもしれない」に変えていくことが、感謝の原点なのだ。

自分の常識を
疑ってみる機会を持とう。

第4章 感動 155

35

語学力向上のヒントは、怪しい商店街の店員と風俗嬢に学ぶ。

初めて海外旅行に行くと、無性に語学の勉強をしたくなるものだ。

行くと決めてから日常会話の本を買って勉強し始める。もちろんそれだけでは簡単な挨拶ができる程度で、会話ができるようになるには程遠い。

旅行から帰ってきて語学学校に通う人もいるが、それが1年も継続できる人は顔と名前が一致するくらいに珍しい存在なのだ。

海外に行って驚くのは、怪しい商店街のオッチャンやオバチャン、風俗のオネエチャンの日本語が予想以上に上手いことだ。

「オキャクサン、トウキョー？ オーサカ？ キョート？ ヤスクシトクヨー」と普通に話しかけられる。

日常会話レベルではなく、結構込み入った値段交渉も普通にこなす。

イントネーションは多少おかしいが、立派なビジネスレベルの日本語なのだ。

それだけ多くの日本人客を相手にしている証拠なのだろう。

だがどう贔屓目(ひいきめ)に見ても、彼ら彼女らに特別教養があるとか学歴が高いとは考えられない。

むしろその国内では落ちこぼれ扱いされている人々のはずだ。

にもかかわらず、このレベルまで日本語を習得するとは驚異だとは思わないだろうか。

私には不思議でならなかった。

仕事で某アジアの国の女性と2日間ご一緒したことがあるが、親しくなった彼女にこの疑問を投げかけたところ、「語学なんて切羽詰(せっぱつ)まれば誰でも簡単に話せるようになるわよ」と笑われた。

「あの人たちは日本語が話せなければ極貧生活になる

の。でも足し算と引き算はできても、掛け算と割り算はできないのよ」と言われて、ハッとした。

実は彼女も貧困層から脱出するために、ありとあらゆる手段を使って日本に語学留学して日本語を習得したというのだ。

そしてこうも言われた。

「日本人は甘い。できれば英語が話せればいいなとか、英語が話せればカッコいいなといった程度の軽い気持ちで勉強するから、何十年やっても話せるようにはならない」

確かに日本の旅館・ホテル業で働いている人たちは、日常レベルの英語が話せることが多い。

彼ら彼女らが学生時代に勉強ができたかといえば、むしろ苦手なグループに属していただろう。

それでも外人客を相手にしなければならないから、会社で用意された研修はもちろんのこと、独学でも必死に勉強し続けた結果として英会話が習得できたのだ。

語学に限らないが、切羽詰まった人間は強い。

どうしても何かを習得したければ、自ら切羽詰まった環境に身を置くのが一番なのだ。

海外に行くと、自分の甘さがわかる。

36

昔ながらの"温もり"を感じたければ、地方に限る。

地方出身者が都会に住んでいると、急にあるものに飢えてくる。

それが人の"温もり"だ。

地方には地方で鬱陶しい人間関係があるが、都会は都会で殺伐としている。

都会の通勤ラッシュの電車内では、ストレスの溜まったサラリーマンたちの一触即発の険悪なムードが散見される。

都会には優秀な人材が集まっているというのはまあ本当の話だが、同時に大量の負け組も棲息している。

そして圧倒的多数のこの大量の負け組の怨念は凄まじい。

都内の激戦区にラーメン屋を出店したといえば確かに

その瞬間聞こえはいいかもしれないが、「この程度の味で田舎に店を出したら近所の人たちに顔向けできない」というくらいに悲惨なレベルのラーメン屋も多い。

当然の如く一瞬で倒産して借金を背負う。

その借金を返済するために汚い商売や危ない商売に手を染める連中も出てくる。

ラーメン屋に限らず、すべての業種業界においてこれは当てはまる。

都内には優秀な人材も多いが、それ以上に落ちこぼれの数も半端ではないくらい多いのだ。

結果として殺伐とした空気を生み出しているのだ。

殺伐とした空気の中にいると、勝ち組は高みの見物気分で楽しいが、負け組は心が荒んでいくのは間違いない。

心が荒んだ負け組は犯罪者予備軍となって、いつもどこかに潜んでいる。

ここだけの話、都会で敗れ去ったら潔く地方で勝負することだ。

都会で敗れるのは努力量の差ではなく、才能の差なのだ。

もう努力は散々したのだから、あとは才能がそれほどなくてもやっていける場所に移動すればいいのだ。

「鶏口となるも牛後となるなかれ」とはよく言ったもので、人にはそれぞれ器というものがある。

都会の落ちこぼれよりも、地方の普通の人のほうがずっと優秀だ。

都会の普通の人よりも、地方の成功者のほうがずっとお金持ちだ。

負け組が都会に住むことそれ自体に価値なんて何もないのだ。

もしあなたが都会に疲れたら、地方に旅に出かけよう。

都会と地方では、時間が進むスピードも人の表情もまるで違う。

きっと都会で疲れ果てたあなたの心身は癒されるに違いない。

その上で「よし、都会でもうひと踏ん張りだ」と思え

ば、引き続き都会で頑張ればいい。

「やっぱり自分の幸せは地方にある」と思えば、心機一転地方で頑張ればいい。

都会に疲れたら、
地方に行ってみよう。

37
あえて地方出身者を採用したがる都会の一流ホテルは多い。

都会の一流ホテルは、洗練された都会出身者で固められているかといえばそんなことはない。

むしろ地方出身者を好んで採用するホテルは多い。

理由は簡単だ。

地方出身者のほうがピュアだからである。

都会出身者は妙に洗練されていて、他人を小馬鹿にする若者の比率が地方に比べて高い。

他人を小馬鹿にする姿勢は、サービス業では必ずどこかで露呈するものだ。

率直に申し上げて、これはもはや家庭環境や本人の資質によるものだから、入社後の教育でどうにかなるものではないのだ。

私が都内でよく見かける大学生でも、「こんな人材が採

用されるわけがないよな」というのが、ウジャウジャ棲息している。

なかなかこんな本音を言える就活関係者はいないだろうが、能力が低い割にはプライドだけやたら高い若者が急増しているのだ。

能力が低いのは構わない。

世の中には能力が低くてもできる仕事がたくさんある。

だが新米で性格が悪いのはもはや手に負えない。

能力が低いけれど素直なら応援してあげようと思うが、能力が低い上に性格まで悪いとなれば誰も応援しようとは思わない。

旅館・ホテル業はこれまでの採用の失敗例から、見事に性格重視の採用に行き着いたのだ。

そして人の性格というのは入社後の研修などで変えられるものではなく、生まれてからこれまでの集大成でほぼ決まってしまう。

私は旅先のみならず、平日の昼間にもホテルのアフタヌーンティーを楽しみに行くことがある。

第4章　感動　165

ある年は、都内では最高峰とされる某ホテルに年間を通じて100日以上通った。

その結果明らかになったのは、人の性格は変わらないということだ。

100回も通えばすべてのスタッフと会話を交わし、顔と名前が完全に一致してくる。

すると遠くの席からふと見たスタッフの表情が鬼の形相になっていて偶然目が合ったり、上司に叱られ不機嫌な顔になってバックヤードから出てくる姿を見かけたりする。

そしてそのように負の感情を表に出してしまうスタッフというのは、毎回決まっているのだ。

つまりいかに辛いことがあってもお客様にそれを見せないプロと、つい油断してお客様に感情を見せてしまうアマしかホテルには存在しないのだ。

地方出身者で不器用に頑張っている新米がいると、思わず贔屓したくなる。

ホテルスタッフの対応から、
人間の本質が見えてくる。

第4章 感動

38
スタッフを名前で呼ぶと、一瞬で距離が縮まる。

一期一会の旅でも、スタッフは名前で呼んだほうがいい。

名前で呼ぶと、一瞬で相手との距離が縮まるのだ。

スタッフといっても旅館の場合、担当者は原則一人のはずだ。

「あのー」とか「すいませーん」と呼ぶのではなく、「鈴木さん」とちゃんと名前で呼ぶことよって、相手はより真剣に向き合ってくれる。

ちょっとした会話でも、全然質が違ったものになる。

それだけではない。

スタッフは名前で呼ばれることによって、緊張感が芽生えてくるのだ。

「名前を憶えられたからには、いい加減なことはできないな」というわけである。

ここで私は性悪説を唱えたいわけではない。

あくまでも気の持ちようとして、緊張感を持ってもらうことが大切だということだ。

綺麗事(きれいごと)を抜きにするとスタッフの名前を呼ぶことによって、ご主人様と召使の関係を構築することができるのだ。

あなたもサラリーマン経験があればわかると思うが、上司やお客様に自分の名前を憶えられると嬉しいはずだ。

下の人間が上の人間の名前を憶えるのは当たり前だが、上の人間が下の人間の名前を憶えると主導権を握ることができる。

実際に私が行きつけのホテルでスタッフを全員名前で呼ぶことによって、彼ら彼女らの対応は明らかに変わった。

もちろん相手はすでに私を名前で呼んでいた。

そして数ヶ月ほど間を空けてもこちらのことを憶えてくれている。

しばらく執筆の仕事が続いて久しぶりに訪れると、「サービスに何か問題でもあったでしょうか?」と間接的に聞かれたこともある。

名前で呼ぶ習慣は、あなたが仕事で電話をかける際にも非常に有効だ。

たとえばあなたがホテルに確認の電話をすると、相手は必ず最初に名乗るだろう。

その時の名前を必ず控えておき、会話の中で事あるごとに「○○さん」と連発するのだ。

「○○さん、ところでもう一つよろしいでしょうか?」

「○○さん、もう一度教えていただけませんか?」

「○○さん、少し電話が遠いようですが……」

たったこれだけのことで、確実にあなたは相手より上位に立つことができる。

いつもなぜか相手になめられる人は、ぜひ一度試してもらいたい。

最後にもう一度繰り返すが、立場が上の人間が下の人間の名前を憶えると鬼に金棒だ。

相手の名前を呼ぶことの
意義を知ろう。

39

結局、すべての人間の根底に流れる本質は同じ。

旅好きの知人と話をしていて、こんな意見が一致したことがある。

国内外でいろんな人々に会ったわけだが、**人間というのは根底に流れる本質はすべて同じ**だということだ。**言語や肌の色は違っても、人間の根本的な考えは変わらないのだ。**

たとえば人間であれば、誰もが親や兄弟はやっぱり大切だと思うし、年頃になれば誰もが恋をする。

誰に教わるわけでもなく、人間関係の中で喜怒哀楽の感情が芽生え始める。

自分と似たようなレベルの、似たような思想を持った者同士が群れを構成する。

以上をひと言で述べると、「愛」だ。

人は愛が満たされると、幸せになる。

人は愛が欠けると、不幸になる。

愛が欠けると、人はそれを死に物狂いで求める習性がある。

子どもが非行に走るのは、愛情不足で自分に注目を集めたいからだ。

あらゆる犯罪や戦争は、愛の欠如が根底に横たわっている。

犯罪の原因は「金」と「セックス」に収束することが多いが、さらに原因の原因である真因まで掘り下げて考えると愛情不足ということなのだ。

戦争の原因は「資源」と「思想」に収束することが多いが、さらに原因の原因である真因まで掘り下げて考えると愛情不足ということなのだ。

考えてみれば地球の構造も愛に基づいている。

母なる大地に父なる空から光や雨が降り注ぐのは、まさに愛ではないだろうか。

きっと宇宙の構造も愛に基づいているに違いない。

人は地球や宇宙の一部なのだから、愛にまっすぐ生き

るのが自然の摂理に則っているのではないだろうか。

もしあなたが「愛が満たされていないな」と感じたら、愛が満たされる場所に出かけることだ。

愛が満たされていない人が、愛が満たされていない場所に居続けると負のスパイラルにはまる。

愛が満たされている場所とは、騒がしさや派手さや興奮とは無縁の世界である。

騒がしさや派手さや興奮は、愛が満たされていない証拠だ。

愛が満たされていないから、騒がしくしたり派手にしたり興奮したりして、一時的にごまかしているに過ぎないのだ。

愛が満たされた場所というのは、静かで淡々としている世界である。

癒しスポットや豊かな成功者たちは、いつも静かで淡々としているはずだ。

静かで淡々としているのは、愛が満たされて溢れ返っているからなのだ。

愛が満たされる場所へ、旅をしよう。

第4章 感動 175

40
成長の偏差値は、
後姿でわかる。

人の成長は何でわかるのか。

それは後姿ではないだろうか。

私たちは体の前側だけはよく見えるから、前側だけを必死になってお洒落にする。

ところがいくら前側だけがお洒落になっても、からきしモテなかったり評価されなかったりすることが多い。

理由は簡単だ。

あなたの体の前側だけを見ている人は、基本的にあなただけだからである。

あなた以外の人はあなたの前側より、むしろ後姿をじっくり見ているのだ。

前側をジロジロ見ることは失礼だからできないが、後姿ならいくらでもチェックすることができる。

あなたという人間の印象は前側ではなく、後姿で決め

られているのだ。

つまりカッコいいということは、後姿がカッコいいということなのだ。

美人ということは、後姿が美人だということなのだ。

前側がカッコいいからドキッとして、振り返ってみたら後姿が完全にオヤジということがある。

この場合、あなたはきっとその人に惚れることはないはずだ。

前側が美人だからドキッとして、振り返ってみたら後姿が完全にオバサンということがある。

この場合、あなたはきっとその人に惚れることはないはずだ。

さて、人生で大切なことは他人事ではなく自分事である。

あなたが無意識に他人を後姿で評価し続けてきたように、あなたも他人からは無意識に後姿で評価されていることに気づいただろう。

これからは身だしなみの9割の意識を後姿に集中させ

ることだ。

まず全身が映る鏡は必須アイテムだ。

自分の顔を見てウットリするためではなく、自分の後姿を見てヒヤッとするためである。

全身が映る鏡に背中を向けて振り返って見るのではなく、前側から別の鏡で後姿を見ることだ。

今まで自分の後姿を客観的に見たことがない人は、「よくもまあ、こんな後姿で生きてきたな」とショックを受けるに違いない。

そのくらい後姿というのはあなたの生き様を露呈しているのだ。

カッコいい後姿になりたければ、毎日鏡でありのままの後姿を直視することだ。

カッコいい後姿になりたければ、身近でカッコいい後姿の人を見つけてその生き様を真似することだ。

カッコいい後姿になりたければ、旅をしながらカッコいい別れを重ねることだ。

後姿を鍛えれば、あなたの人生は確実に変わっていく。

旅をして成長し、
カッコいい後姿を手に入れよう。

第4章 感動

千田琢哉著作リスト
(2015年8月現在)

<アイバス出版>
『一生トップで駆け抜けつづけるために20代で身につけたい勉強の技法』
『一生イノベーションを起こしつづけるビジネスパーソンになるために20代で身につけたい読書の技法』
『1日に10冊の本を読み3日で1冊の本を書く ボクのインプット＆アウトプット法』
『お金の9割は意欲とセンスだ』

<あさ出版>
『この悲惨な世の中でくじけないために20代で大切にしたい80のこと』
『30代で逆転する人、失速する人』
『君にはもうそんなことをしている時間は残されていない』
『あの人と一緒にいられる時間はもうそんなに長くない』
『印税で1億円稼ぐ』
『年収1,000万円に届く人、届かない人、超える人』
『いつだってマンガが人生の教科書だった』

<朝日新聞出版>
『仕事の答えは、すべて「童話」が教えてくれる。』

<海竜社>
『本音でシンプルに生きる！』
『誰よりもたくさん挑み、誰よりもたくさん負けろ！』

<学研パブリッシング>
『たった2分で凹みから立ち直る本』
『たった2分で、決断できる。』
『たった2分で、やる気を上げる本。』
『たった2分で、道は開ける。』
『たった2分で、自分を変える本。』
『たった2分で、自分を磨く。』
『たった2分で、夢を叶える本。』
『たった2分で、怒りを乗り越える本。』
『たった2分で、自信を手に入れる本。』
『私たちの人生の目的は終わりなき成長である』
『たった2分で、勇気を取り戻す本。』
『今日が、人生最後の日だったら。』
『たった2分で、自分を超える本。』

<KADOKAWA>
『君の眠れる才能を呼び覚ます50の習慣』

<かんき出版>
『死ぬまで仕事に困らないために20代で出逢っておきたい100の言葉』
『人生を最高に楽しむために20代で使ってはいけない100の言葉』

DVD
『20代につけておかなければいけない力』
『20代で群れから抜け出すために顰蹙を買っても口にしておきたい100の言葉』
『20代の心構えが奇跡を生む【CD付き】』

<きこ書房>
『20代で伸びる人、沈む人』
『伸びる30代は、20代の頃より叱られる』
『仕事で悩んでいるあなたへ 経営コンサルタントから50の回答』

<技術評論社>
『顧客が倍増する魔法のハガキ術』

<KKベストセラーズ>
『20代 仕事に躓いた時に読む本』

<廣済堂出版>
『はじめて部下ができたときに読む本』
『「今」を変えるためにできること』
『「特別な人」と出逢うために』
『「不自由」からの脱出』
『もし君が、そのことについて悩んでいるのなら』
『その「ひと言」は、言ってはいけない』
『稼ぐ男の身のまわり』

<実務教育出版>
『ヒツジで終わる習慣、ライオンに変わる決断』

<秀和システム>
『将来の希望ゼロでもチカラがみなぎってくる63の気づき』

<新日本保険新聞社>
『勝つ保険代理店は、ここが違う！』

<すばる舎>
『断れる20代になりなさい！』
『今から、ふたりで「5年後のキミ」について話をしよう。』
『「どうせ変われない」とあなたが思うのは、「ありのままの自分」を受け容れたくないからだ』

<星海社>
『「やめること」からはじめなさい』
『「あたりまえ」からはじめなさい』
『「デキるふり」からはじめなさい』

<青春出版社>
『リーダーになる前に20代でインストールしておきたい大切な70のこと』

<総合法令出版>
『20代のうちに知っておきたい お金のルール38』
『筋トレをする人は、なぜ、仕事で結果

千田琢哉著作リスト
(2015年8月現在)

を出せるのか？』
『お金を稼ぐ人は、なぜ、筋トレをしているのか？』
『さあ、最高の旅に出かけよう』

<ソフトバンク クリエイティブ>
『人生でいちばん差がつく20代に気づいておきたいたった1つのこと』
『本物の自信を手に入れるシンプルな生き方を教えよう。』

<ダイヤモンド社>
『出世の教科書』

<大和書房>
『「我慢」と「成功」の法則』
『20代のうちに会っておくべき35人のひと』
『30代で頭角を現す69の習慣』
『孤独になれば、道は拓ける。』

<宝島社>
『死ぬまで悔いのない生き方をする45の言葉』
【共著】『20代でやっておきたい50の習慣』
『結局、仕事は気くばり』
『仕事がつらい時 元気になれる100の言葉』
『本を読んだ人だけがどんな時代も生き抜くことができる』
『本を読んだ人だけがどんな時代も稼ぐことができる』
『1秒で差がつく仕事の心得』
『仕事で「もうダメだ！」と思ったら最後に読む本』

<ディスカヴァー・トゥエンティワン>
『転職1年目の仕事術』

<徳間書店>
『20代で身につけたい 一度、手に入れたら一生モノの幸運をつかむ50の習慣』
『想いがかなう、話し方』
『君は、奇跡を起こす準備ができているか。』

<永岡書店>
『就活で君を光らせる84の言葉』

<ナナ・コーポレート・コミュニケーション>
『15歳からはじめる成功哲学』

<日本実業出版社>
『「あなたから保険に入りたい」とお客様が殺到する保険代理店』
『社長！この「直言」が聴けますか？』
『こんなコンサルタントが会社をダメにする！』
『20代の勉強力で人生の伸びしろは決まる』

『人生で大切なことは、すべて「書店」で買える。』
『ギリギリまで動けない君の背中を押す言葉』
『あなたが落ちぶれたとき手を差しのべてくれる人は、友人ではない。』

<日本文芸社>
『何となく20代を過ごしてしまった人が30代で変わるための100の言葉』

<ぱる出版>
『学校で教わらなかった20代の辞書』
『教科書に載っていなかった20代の哲学』
『30代から輝きたい人が、20代で身につけておきたい「大人の流儀」』
『不器用でも愛される「自分ブランド」を磨く50の言葉』
『人生って、それに早く気づいた者勝ちなんだ！』
『挫折を乗り越えた人だけが口癖にする言葉』
『常識を破る勇気が道をひらく』
『読書をお金に換える技術』

< PHP研究所>
『「その他大勢のダメ社員」にならないために20代で知っておきたい100の言葉』
『もう一度会いたくなる人の仕事術』
『その人脈づくりをやめなさい』
『好きなことだけして生きていけ』
『お金と人を引き寄せる50の法則』
『人と比べないで生きていけ』
『たった1人との出逢いで人生が変わる人、10000人と出逢っても何も起きない人』
『友だちをつくるな』

<マネジメント社>
『継続的に売れるセールスパーソンの行動特性88』
『存続社長と潰す社長』
『尊敬される保険代理店』

<三笠書房>
『「大学時代」自分のために絶対やっておきたいこと』
『人は、恋愛でこそ磨かれる』
『仕事は好かれた分だけ、お金になる。』
『1万人との対話でわかった 人生が変わる100の口ぐせ』

<リベラル社>
『人生の9割は出逢いで決まる』

千田 琢哉
せんだ たくや

文筆家。
愛知県犬山市生まれ、岐阜県各務原市育ち。
東北大学教育学部教育学科卒。
日系損害保険会社本部、大手経営コンサルティング会社勤務を経て独立。
コンサルティング会社では多くの業種業界における大型プロジェクトのリーダーとして戦略策定からその実行支援に至るまで陣頭指揮を執る。
のべ 3,300 人のエグゼクティブと 10,000 人を超えるビジネスパーソンたちとの対話によって得た事実とそこで培った知恵を活かし、"タブーへの挑戦で、次代を創る"を自らのミッションとして執筆活動を行っている。
著書は本書で 108 冊目。

● E-mail：info@senda-takuya.com
● ホームページ：http://www.senda-takuya.com/

さあ、最高の旅に出かけよう

2015年 8 月 8 日　初版発行

著　者　　　千田　琢哉

発行者　　　野村　直克
ブックデザイン　土屋　和泉
写　真　　　Photodisc/Getty Images
発行所　　　総合法令出版株式会社
　　　　　　〒103-0001
　　　　　　東京都中央区日本橋小伝馬町15-18
　　　　　　ユニゾ小伝馬町ビル 9 階
　　　　　　電話　03-5623-5121（代）

印刷・製本　　中央精版印刷株式会社

ⓒ Takuya Senda 2015 Printed in Japan　ISBN978-4-86280-463-1
落丁・乱丁本はお取替えいたします。
総合法令出版ホームページ　http://www.horei.com/

本書の表紙、写真、イラスト、本文はすべて著作権法で保護されています。
著作権法で定められた例外を除き、これらを許諾なしに複写、コピー、印刷物
やインターネットのWebサイト、メール等に転載することは違法となります。

視覚障害その他の理由で活字のままでこの本を利用出来ない人のために、営利
を目的とする場合を除き「録音図書」「点字図書」「拡大図書」等の製作をする
ことを認めます。その際は著作権者、または、出版社までご連絡ください。

好評既刊

20代のうちに知っておきたい
お金のルール38

千田琢哉／著　定価1200円+税

20代を中心に圧倒的な支持を得ているベストセラー著者が説く、「お金から愛される」ための大切な38のルール。短くてキレのある言葉にグサリと打ちのめされる読者が続出。

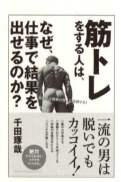

筋トレをする人は、
なぜ、仕事で結果を出せるのか?

千田琢哉／著　定価1200円+税

全日本学生パワーリフティング選手権大会2位の実績を持ち、体を鍛える多くのエグゼクティブたちと交流してきた著者が明かす、仕事で結果を出すための体を獲得する方法。

お金を稼ぐ人は、
なぜ、筋トレをしているのか?

千田琢哉／著　定価1200円+税

お金を稼ぎ続けるエグゼクティブは、体力アップがイコール収入アップにつながることがよくわかっているものだ。筋トレを通じて、肉体の進化とともに人生を飛躍させる方法。